「機嫌がいい」というのは最強のビジネススキル

GOKIGEN

辻 秀一
Tsuji Shuichi

日本実業出版社

はじめに

働くうえで、ビジネスパーソンは何を大切にしているのだろうか？

経験？　知識？　気合い？　能力？　行動？　風土？　関係？　結果？　資本？　環境？

どれも間違えではない。がしかし、本書では、それより断然、そして比べものにならないほど大切なこと、**「機嫌《きげん》がいい」**について解説する。

「機嫌がいい」とは何か？　なぜ「機嫌がいい」が大切なのか？　どうやって「機嫌がいい」を導くのか？　そして、「機嫌がいい」を導くのは偶然やたまたまではなく、自らがつくり出せるもので、それは1つのスキルなのだ、ということをお伝えしていく。

そもそも「機嫌がいい」ということに興味があるのか？　「機嫌」とは心の状態のことで見えにくいし、自身の内側にあることなので、ビジネスになるとそれはまったく無関心なことになってしまわないだろうか？

しかし、ビジネスは人の営《いとな》みだ。人は心抜きには語れない、そのマネジメントなしに、ビジネスは成り立たないといっても過言ではない。

「機嫌がいい」＝「ごきげん」には、3つのマネジメント要素がある。**「セルフマネジメント」「リーダーマネジメント」**、そして**「チームマネジメント」**だ。

「セルフマネジメント」とは自分自身の心のマネジメントを行い、「機嫌がいい」を自ら導いて質の高いパフォーマンスを繰り出す能力のことだ。

2023WBC（ワールド・ベースボール・クラシック）の「侍JAPAN」でいえば、その代表は大谷翔平だろうし、井上雄彦《たけひこ》先生の『スラムダンク』（集英社）でいえば、桜木花道かもしれない。彼らがいれば、ビジネスでもいい仕事をしそうだと想像できないだろうか？「揺らがず囚《とら》われず」の心で、どんなシーンでも「機嫌がいい」状態でやるべきことをやってくれるだろう。頼りがいのあるビジネスの仲間になる。

「リーダーマネジメント」はまわりの機嫌に気づいて配慮し、まわりを「機嫌がいい」状態に導いてよいパフォーマンスを引き出すアプローチだ。

2023WBCの「侍JAPAN」でいえば、その代表はダルビッシュ有だろうし、井上雄彦先生の『スラムダンク』でいえば、メガネ君こと小暮公延《こぐれきみのぶ》かもしれない。こういう存在が同僚にいれば信頼は高いだろうし、もちろん上司だとなおいい。その存在によって、自分らしく自主的に活動する人が間違いなく増えて、みながお互いの成長すら感じられるかもしれない。

最後は「チームマネジメント」だ。組織のトップとして「機嫌がいい」チームのあり方や組織文化にコミットメントしていて、それに責任を持っている存在である。そこから生み出される「機嫌がいい」組織の風土は、メンバーをイキイキのびのびさせ、みなが力を発揮していけるだろう。

2023WBCの「侍JAPAN」でいえば、栗山英樹監督、井上雄彦先生の『スラムダンク』でいえば、安西光義監督にほかならないと思う。「機嫌がいい」組織こそが、1人ひとりが活躍し成果を出すと疑いなく確信しているのだ。それは属人性の高い監督の個性によるものではなく、本書でお伝えする1つのスキルである。

このようなマネジメントができるには、**「人の仕組み」**、**とくに心や脳、そしてパフォーマンスに関する「ヒューマンリテラシー」を高める必要がある**。そのお手伝いを、本書を通じて、みなさんのビジネスのお役に立てればと考えている。

私が「機嫌」について学ぶきっかけは、『パッチ・アダムス トゥルー・ストーリー』という映画を観たこと。慶應義塾大学病院で多忙を極めていたころに偶然観た映画だ。ロビン・ウィリアムズが主演したノンフィクションのトゥルーストーリーだった。テーマは「QOL（クォリティ・オブ・ライフ）」。**人生には質があるのだ**ということを訴えている実在のドクターを描いた話だ。

ラッキーなことにパッチが来日されて、どんなときもどんな人も「質」を決めているのは自身の心の状態だと講演され、それがわたしに強く刺さった。つまり、**心の状態のマネジメントが「思考の質」「関係の質」「行動の質」「時間の質」、ひいては「人生の質」を決めているのだ**と知り、深く興味を持つようになったのだ。

どうやって心のマネジメントをすればいいのか？　それはどこでだれが教えてくれるのか？　高校までの道徳や倫理の授業でも、医学部の生理学や精神科の授業でも、教えてもらえなかった。そこで、心の状態を実践的に実際の場で大切にしているスポーツ、その証拠に「心技体」という言葉が存在していて、だれも怪しさなど疑問に思っていないこのスポーツにヒントがあるのではないかと思い立った。

アメリカには、「応用スポーツ心理学」なるメンタルトレーニングがすでにスポーツの世界はもちろんビジネスの世界でも実施されているのだと知って、とても興味を持ったのだ。

メンタルタフネス、セルフイメージ論などなどたくさんのメンタルトレーニング手法を学び、これらを日本でも広めたいと、当時は社会現象のようになっていた井上雄彦先生の『スラムダンク』のコミックを題材にメンタルトレーニングを紹介したらよいのではないかと人生最大のアイディアが生まれたのだ。

知り合いでもなかった井上雄彦先生を人づてに訪ねてお話をさせていただき、執筆の許諾を得て完成したのが拙著『スラムダンク勝利学』（集英社インターナショナル）だ。

『スラムダンク』のさまざまなシーンを用いて心理学的な解説を加えたもので、当時はラニー・バッシャム氏が提唱するセルフイメージ論を使って、心の揺らぎとパフォーマンスの関係を述べた。おかげさまで多くの方々に読んでいただき、それを契機に独立し、メンタルトレーニングを生業にして今現在に至る。

しかし、その後は揺らぎだけでなく、囚われもパフォーマンス上の大きな心理的課題だと気づき、「揺らがず囚われず」の心の状態を「フロー（Flow）」と呼称していたミハイ・チクセントミハイ教授の「フロー理論」に関心がシフトしていった。

この**「揺らがず囚われず」の心の状態こそ、本書でご紹介する「機嫌がいい」状態なのだ。**

今ではスポーツ界はもちろん、音楽界、教育界からはじまり、ビジネス界の多くの方々に「機嫌がいい」状態に関心を持っていただき、それをマネジメントするためのスキルを多くの方にトレーニングさせていただいている。

それでは、いよいよ「機嫌がいい」のためのビジネススキルのトレーニングをはじめていこう。

「機嫌がいい」というのは最強のビジネススキル　目次

第1章

「機嫌がいい」とこんなにいいことがある

第2章

「機嫌」とは何か？

第3章

「機嫌」は自分でコントロールできる

第4章

「機嫌がいい」をビジネスに活かす

カバーデザイン　井上新八
本文デザイン・ＤＴＰ　浅井寛子
イラスト図解　大野文彰

第1章

「機嫌がいい」とこんなにいいことがある

パフォーマンスが上がる

人生は「内容」×「質」でできている

なぜ、「機嫌がいい」ことがビジネスで必要なのか？

それは**ビジネスはもちろん、スポーツも、日常も、人生も心の状態がパフォーマンスに強烈に影響しているからにほかならない。**歌を歌ったり、踊りを踊ったり、スポーツの試合をしたりすることだけが、ここでいうパフォーマンスではない。生きることすべてをパフォーマンスと表現している。みな死ぬまで「生きる」というパフォーマンスをするのが人間なのだ。

その中に日常もあれば、ビジネスもある。

さて、それらのパフォーマンスはどんなことで構成されているのか？　構成要素はたった

2つ。1つは**「何を」するのかという「内容」**、もう1つはそれを**「どんな心の状態」でやっているのかという「質」**。人間の「生きる」は「内容」×「質」でできているのだ。すべての人がすべての瞬間、この2つの構成要素で生きている。例外は1人も1秒もない。

「内容」の「何を」するのかを、わたしたちは四六時中考え続けて実践している。「何を」という「内容」のない瞬間は、つまり、何もしていないという時間はないのだ。もしあるとすれば、それは死んでいるときだ。生きている限り、この「何を」が仕事やビジネスの中心だと思って生きているはず。

「何を」が中心でも間違ってはいないのだが、それでは「質」を無視していることになる。**どんな瞬間も、「何を」やっていても、それは人間のパフォーマンスである限り、心の状態が存在していて、それが「質」を決めているのだ**ということを忘れてはならない。

揺らがず囚われずの「機嫌がいい」状態

「どんな心の状態」なのかを分析すると、結局は何かに揺らいで囚われている「機嫌が悪い」状態か、揺らがず囚われずの「機嫌がいい」状態か、しかないのだ。程度の差はあるが、「何を」していても、みなそのとき「どんな心の状態」でそれをしているのかが「質」を決めているのだ。

言わずもがな、**「機嫌が悪い」ほうに心が傾いていれば、「何を」していても「質」は下がるのだ。**これもまた例外などない。それがいけないとかダメだとかルール違反だとかではなく、そのような人間の仕組みだということ。ビジネスをするにはそれを肝に銘じる必要がある。

オレは私は、イライラするとパフォーマンスがよくなるという人などいないだろう。不安のまま1日をすごすと、その日は終日パフォーマンスが上がったというような人は仕組み上存在しないのだ。「何を」するのかだけに注力して、心の状態が乱れたまま「質」の悪いパフォーマンスを展開している人が少なくない。

ビジネスは、とかくストレスを感じ、不機嫌になるのが通例だ。なぜなら、結果を出さないといけないし、まわりの友だちじゃない人たち、上司、部下、同期、そしてお客さんやクライアントと接しなければならないからだ。

さらに、結果を出すために、やらなければならないことは多々あり、やるべきことがわからないことも少なからずある。わたしが慶應病院で医者をしていたころもまさにこの状態で、スーパーストレスを感じていて、不機嫌な状態の真っただ中だったことを思い出す。本書を読んでいる多くの人もその例外ではないはずだ。

しかし、それではパフォーマンスの「質」が悪く、結果的に時間ばかりがかかり長時間労働になっていく。当時は、「心の状態」や「質」などといった概念とその価値がないので、そのストレスに耐えたり我慢することに多くのエネルギーを消費していたように思い出される。それに耐えられなければ仕事じゃないと、「質」の悪さを棚にあげ、根性や頑張るというやり方や、量で勝負しているのだ。仕事こそ、「機嫌がいい」状態でパフォーマンスの質を上げるべきなのに……。

一方、ビジネスだけでなくスポーツは自身やチームのパフォーマンスが結果に直結するので、パフォーマンスの「質」に多くのアスリートは敏感だ。したがって、スポーツ界には「スポーツ心理学」という学問があるように心への関心も高く、メンタルトレーニングを積極的に受けるアスリートたちも少なくない。

ビジネスでも「心のマネジメント」は欠かせない

パフォーマンスが結果にわかりやすく関わっているとなると、**いかに心のマネジメントを**

して「質」を担保するのかということが勝負のカギの1つになってくるのだ。アスリートたちはそれをよーくわかっている。さらにアスリートたちは試合のパフォーマンスのためだけでなく、日常生活や練習・稽古などのパフォーマンスの「質」を高めるためにも「機嫌がいい」心の状態を大切にしているのだ。アスリートたちは、心の状態をマネジメントして「機嫌がいい」状態を自身のあらゆるパフォーマンスのために大事にしているということになる。

ビジネス界ではどうなのか？　ビジネスは練習と試合に分けられないが、日々の仕事はこの両方をふくむパフォーマンスといえる。さらにビジネスパーソンにも、日常というパフォーマンスが同じようにあるはずだ。練習と試合に匹敵する日々の仕事のパフォーマンスと日常生活のパフォーマンスの「質」が低くていいはずがない。

ビジネスパーソンも本当はパフォーマンスのために、もっと「どんな心の状態」で仕事を行うのかという「質」を重要視するべきなのだ。そのことがわかっているビジネスパーソンは、アスリート同様に「機嫌がいい」心の状態を大事にしているはずである。

昨今は企業からも、パフォーマンスのレベルを上げるために、心の状態に視点を置き、「機嫌がいい」フローな状態を社内につくり、「機嫌がいい」社員やリーダーを増やしたいとのメンタルトレーニングの依頼が少なくない。

じつは25年近くも前、私が独立して間もなくのころにジャパネットたかたの先代の社長、髙田明氏より『スラムダンク勝利学』をお読みになり、「アスリートはメンタルトレーニングをしてパフォーマンスを高める努力をしているのに、ビジネスパーソンはしなくていいのか？　わが社でもぜひメンタルトレーニングをしてほしい」との依頼があった。以来、同社ではすべての役職の方々が仕事というパフォーマンスの「質」をよくするために「機嫌がいい」心の状態をマネジメントするメンタルトレーニングを続けている。

「機嫌がいい」の価値にしっかりと気づいて、それに投資していくことが「人的資本」の増加の１つだといっても過言ではない。

成長や変革につながる

人は大人になるほど「変化」を恐れる

じつは、「機嫌がいい」は成長や変革への絶大的な必須条件なのだ。「機嫌がいい」は揺らがず囚われずの心の状態だが、一方で「機嫌が悪い」とは、何かに囚われている状態ということでもある。囚われの心の状態は、背景に「固定概念」が強くあることでもある。

「固定概念」とは、心理学で「セルフコンセプト」と呼称されており、この**「セルフコンセプト」こそが、成長や変革の阻害因子なのだ。**

「セルフコンセプト」をわかりやすく述べるなら、自分の中に過去の経験や周囲の影響ででできあがっている「普通」とか「常識」だ。この自分の「普通」や「常識」が変革の妨げとなっていることは容易に想像できるだろう。

子どものころはどんどん成長するのはなぜなのか？　ひと言でいえば、「機嫌がいい」生き方をしているからなのだ。「機嫌がいい」は心理学で表現するところのフローな状態で、子どもほど多いのだ。それは、まだ「常識」や自分の「普通」が形成されていないからにほかならない。

大人になるほどさまざまな経験にもとづき、自分の「固定概念」ができあがり、無理や難しいが増えて、変化を恐れるようになる。なぜ変化を大人になるほど恐れるようになるのか。自身の「固定概念」ができあがると、人はそこにいるほうが居心地がいいように感じる習性があるからだ。

過去と同じほうが安心、いつもと同じほうが安心、自分の常識の中にいたほうが不安が少ない、自分の普通通りのほうが明らかに居心地がいい、まわりと同じようにしていたい、それが人間なのだ。このような習性があるからこそ、「機嫌がいい」フローな状態を導くことが個人も組織も成長や変革につながることは自明の理といえる。

わたしが、この人間の習性を説明するためにいつも引用する事例がある。みなさんは目玉焼きには何をかけるだろうか？　塩？　醤油？　ソース？　マヨネーズ？　味噌？　バルサミコ？　ケチャップ？　かけない？　みなさん、それぞれだと思うが、いつも同じではないだろうか？　毎日、変えている人はほとんどいないはずだ。

わたしは醤油で、いつも醤油だ。妻がある朝、気をきかせて目玉焼きにケチャップをかけていると、わたしは「なんでケチャップなわけ？　醤油に決まっているでしょ！」と、食べることもせずに変化を拒絶する。わたしは目玉焼きにすら変革を起こさずに残りの人生をすごしてしまうのだ（笑）。恐ろしい。

きっと過去の何かの経験で醤油が美味しかったから、以来わたしの「普通」がたったそれだけでできあがって固定化されているのだ。気づけば、目玉焼きにはいつも同じ、醤油なのだ。こういったことがさまざまなことで自分を固定化して変革を阻害している。

自分の「普通」や「常識」が過去のいい経験で起こるとすれば、ビジネスの世界ではこのことが無茶苦茶いろいろな場面で変革を邪魔していることになる。変革したくても組織の中に過去の成功事例をもって無意識に固定化されていることが少なくない。これまではこれでうまくいったから、前にこれで成功したから、という成功体験を会社の意思決定者ほどたくさん抱えている場合が多いのだ。

ビジネス界の常識や過去の成功体験のない「機嫌がいい」新人が、思わぬアイディアを出して変革のきっかけをつくることもあるだろう。ビジネスの世界では、囚われの少ないフローな「機嫌がいい」人財（本書は「人的資本」の考えにもとづき「人財」という表記にしている）を増やしていくことが成長と変革に強い組織につながることは間違いない。

変化の激しい時代、「機嫌がいい」人が生き残る

たとえば、みなさん、考えてほしい。「機嫌がいい」を失い、「機嫌が悪い」ときはチャレンジしにくいはずだし、新しいことをはじめにくいのではないだろうか？　「機嫌が悪い」は、固定概念の檻《おり》の中に人を閉じ込めているのと一緒だからだ。

一方で**「機嫌がいい」は、変化を受け入れやすいだけでなく、変化を自らもつくりやすくなる。**大人になればなるほど、さまざまな経験が邪魔をするので、努めて「機嫌がいい」状態を自分のものにしていかないと変化の時代に乗り遅れてしまうことにもなる。

社会は、新しい変化や変革を生み出すことに全力が注がれている。社会そのものには囚われや固定概念を生み出す心の状態がないからだ。社会は、人ではないので心がない。実際に社会は産業革命だけでなく、昨今ではインターネット革命、デジタル革命やchat ＧＰＴなど

のＡＩ革命をはじめ、どんどん進んでいる。そんな社会の変革のスピードの中で、人の心の状態はそのスピードについていけない。人々の中にさまざまな変革が常識化するまで、人の「固定概念」が邪魔をしているのだ。

囚われの激しいわたしのようなおじさんは、なかなかデジタルの変化についていきにくい。すぐに「昔は〜」と言って、無理や難しいを持ち出して、自分の変化を拒んでしまうのだ。このような変革の激しい時代だからこそ、人は「機嫌がいい」状態を意識して保持していく必要がある。むしろ、「機嫌がいい」人こそが、この時代に生き残っていけるのだといえるだろう。

「NO GOKIGENN, NO INOVATION」「NO KIGEN GA II, NO GROWING」だということを、これからの時代は肝に銘じておこう。変革に強い組織のためには、ごきげんな「機嫌がいい」人を社内に増やしていかなければならないし、成長できる人財でいたいのなら「機嫌がいい」状態を大事にしていかなければならないのだ。結局は、それが自身のためでもあるし、組織やチーム、会社のためにも重要な心がけとなっていく。

健康や元気の源になる

「機嫌」と「病気」の相関関係

「病《やまい》は気から」という言葉をご存じだろうか？　**さまざまな病気は、人間の気、すなわち気持ちや気分からきているのだという長年にわたる経験から明らかにされている事実がある。**

英語では病気のことを「disease」というが、この言葉は「dis」と「ease」の組み合わせ。つまりは、「ease」ではないと病気だという意味だ。「ease」とは、おだやかな心の状態のことで、すなわち「機嫌がいい」こと。海外でも、人類はこの仕組みを経験にもとづき知っていて、言葉にまでしているということになる。

みなさんは「機嫌がいい」状態ではなく、心に揺らぎや囚われのストレスがあり機嫌が悪いとどうなるだろうか？　ストレスを感じるとドキドキして動悸がしたり、冷や汗が出たり、呼吸が浅くなって息苦しくなったり、夜眠れなかったり、肩が凝ったり、胃腸の調子が悪くなったり、血圧が上がったりした経験はないだろうか？

もしなかったとしても、想像してみてほしい。もし、あなたが映画監督、あるいは漫画家だとして、主人公が機嫌悪く、ものすごいストレスを感じているときに、主人公をどのように表現するだろうか？　おそらくさきほどのような症状をもって表現するのではないだろうか。どうして、そのような身体症状を想像するのかというと、ストレス状態は人間の自律神経を揺さぶるということを自分の経験上だれもが知っているからなのだ。

「機嫌がいい」状態でなくなると、人はストレスホルモンが分泌されて自律神経の交感神経が強く反応し、自らの生命を維持しようとしてさまざまな症状を惹起《じゃっき》するのだ。すなわち、それは生きているという証拠でもある。医学ではこれを「恒常性《こうじょうせい》」と呼んでいる。外界からの刺激に対して、自分自身の命を保つためにこうして反応するのだ。

しかし、その状態が長く続くと、人の身体にはしだいにダメージを与えていくことになる。だからこそ、強いストレスを感じたら、その後には「機嫌がいい」リラックスな状態がやってこないと、さまざまな病気になってしまうのだ。

常に「機嫌がいい」状態にいるのは難しいが、この自律神経が過剰に刺激されて身体にダメージを受けるストレス状態ばかりが続くことはやはり避けたい。

「ストレス」と「ストレッサー」は異なる

さて、わたしたちが「ストレス」という言葉を使うとき、外的な「ストレッサー」と感じている心のストレス状態を混同してしまっていることが多い。先述した身体反応は心の状態に揺らぎや囚われのストレス状態を感じると、さまざまなホルモンを介して自律神経が過剰反応をするのだ。

ただし、外的なストレッサーがすべて悪なのではない。**ストレッサーは人間にとっての刺激であって、それが成長につながったり、強くしなやかになるために重要だったりする。**

無菌室にいると、人は免疫力を獲得できずに余計に弱くなる。たとえば、それは子どもにとっては勉強、アスリートにとっては練習、ビジネスパーソンにとっては仕事だったりする。それらのストレッサーがなければ、知識や知能は向上しないだろうし、技術や体力もアップしない。仕事のストレッサーがなければ生活もできないし、人間的成長も得られないだろう。

もちろん、理不尽な外的ストレッサーはよくないし、できれば避けたいし、それはないほうがいい。しかし、外的なストレッサーと心のストレス状態はパーフェクトイコールではない。**身体的なダメージは外的なストレッサーの存在ではなく、「機嫌がいい」を失った心のストレス状態によるものだと知っていることが重要だ。**

（詳しくは後述するが）どうやって自分の機嫌を自分でとり、少しでも心のストレス状態をなくしていって、身体のダメージを回避できるかも、ビジネスパーソンが長く健康でいい仕事をするためには極めて大事だということがおわかりだろう。

「機嫌がいい」がないと癌《がん》のリスクが高くなる

人間がいまだに克服できない大きな病気は主に4つある。1つは「癌」、2つは「動脈硬化」、3つめは「感染症」、そして最後は「認知症」、この言葉を使っていいのかわからないがいわゆるボケだ。心のストレス状態は、これら4つすべてに悪く働いてしまうことがわかっている。

定量化できない心のストレス状態と病気の発症を明確に関連づけて証明するのは簡単なこ

とではないのだが、機嫌の悪いストレス状態はたとえば癌の免疫を司っているＮＫ細胞の活性を低下させるといわれている。機嫌が悪くなればその瞬間に癌になるわけではないが、「機嫌がいい」がない人ほど長期的には癌のリスクが高くなるということだ。

また、いつもストレスを感じていると血管の内皮細胞の劣化が起こりやすいとの研究もある。それは何を意味するのかといえば、血管の内側の細胞を硬化させて動脈硬化を引き起こすことになる。それは心筋梗塞《しんきんこうそく》や脳梗塞につながるのだ。昨今、若年でも脳梗塞や心筋梗塞が生じるようになったのは年齢による動脈硬化だけでなく、さまざまなストレスが若い人にも襲いかかっているのではないかと推察される。

今でも人類は感染症に苦しんでいて、コロナウイルスに世界中が苦しんだことも記憶に新しい。この瞬間も、人とウイルス、人と細菌の戦いは続いている。そんな感染に負けないための人間の仕組みが「免疫」といわれるシステムだ。ストレス状態は、この免疫のシステムを弱体化させることも知られている。**免疫にとっても不機嫌はあなどれないということだ。**

そして、認知症。認知症の原因は、脳科学者によってさまざまな研究の末に明らかになってきている。いろいろな原因があるにせよ、**機嫌の悪い状態は脳の機能を明らかに低下させる。**たとえば、ストレスを感じているときには、判断や決断がしにくくなるだろう。また、理解力や記憶力も不機嫌なときは悪くなる。

ほかにも、創造性や想像性も「機嫌がいい」状態でなければ低下するという経験はないだろうか？　心の状態が脳のとくに認知機能に影響しているということは間違いない。認知症との関係を断言するのは時期尚早かもしれないが、いずれその関係も解明されるだろうと期待している。

ストレス状態は、それだけでほかにも身体の中に変化を生み出す。ストレスホルモンは筋肉を減らして脂肪を増やしていく。それは体重が増える「表肥満」や体重は増えずに体脂肪率が高くなる「隠れ肥満」、両方を惹起することになる。その身体変化は「インスリン抵抗性」といって、さまざまな身体の老化を進めていく。メタボリックシンドロームへと導いていくことにもなる。いわゆる**生活習慣病の主たる原因の1つが機嫌の悪い状態**、つまりはストレスを感じていることによるものなのだ。

もちろん、身体的なダメージだけでなく、自律神経の乱れやうつ病などの精神疾患についても「機嫌がいい」を失っている状態が長く続いたことが直接の引き金になっているのは間違いのない事実なのだ。「病は気から」を肝に銘じて、人生と人生のおよそ3分の1を占める仕事を少しでも「機嫌がいい」状態で遂行しようではないか。

「関係の質」が高まる

コミュニケーションの基盤となるのは「機嫌」

機嫌が悪いと、明らかに人間関係の質は低下する。

自分自身のことを考えてみよう。「機嫌がいい」をなくしているときに、まず人と話したくなくなり、人の話を素直に聴けなくなる。そんな経験をみなさんもしたことはないだろうか？

つまりは、**自身の機嫌の悪さは会話や対話やコミュニケーションの質を自ら低下させているということになるのだ。**人間関係の基礎はこの対話やコミュニケーションで成り立っているので、不機嫌はそこに大きな問題を生じさせる。

また、機嫌が悪いと、他者に対するやさしさが減ることはないだろうか？　ときには意地悪にすらなる。機嫌が悪いことで、人はいざこざを生み出し、ケンカをも平気でするのだ。動物は生命維持のためにだけ争いごとをするが、人間だけが機嫌の悪さで争いごとを平気で起こす生き物なのだ。だからこそ、**良質な人間関係の根本に、自分の「機嫌がいい」が存在しているのだということを肝に銘じよう。**

何人かで一緒にいるとき、何人かでミーティングをしているとき、何人かでともに仕事をしているとき、だれか1人でも機嫌の悪い人がいると、みなその人の不機嫌が気になるのではないだろうか？

そして、その不機嫌さは、しだいにほかの人にも影響を与えて不機嫌な関係が蔓延していく。不機嫌の感染力はかなりのものだ。ミカン箱に1つの腐ったミカンがあると、やがて箱の中のミカンは全部腐っていく。不機嫌の悪影響も同様だ。

裏を返せば、**1人ひとりが「機嫌がいい」を守っていくことが良好で良質な人間関係を生み出していくということだ。良質な人間関係はビジネスでももちろん、人生でも絶対に重要な要素になる。**なぜなら、スポーツだけでなく、生活のすべては1人だけでは成せないからだ。どんな営みにも、必ず人間関係が存在しているのだ。

人間関係において「信頼」を生み出す必須条件

人は他者の機嫌が気になるものだ。会社では、部下は上司の機嫌をとても気にしている。上司の機嫌を忖度《そんたく》して仕事をしている人も少なくないだろう。「今日は部長の機嫌が悪そうだ。部長の機嫌がいいときを見計らって相談しよう」と。しかし、それによる労働損失は計りしれないのだ。

逆に、不機嫌で人を動かしている人もいる。それでは質の高い人間関係は生まれないので、強いチームの形成は不可能だといえる。**不機嫌で人を動かしている人は明らかに未熟だといってもいい。**

赤ちゃんは、自分で自分の機嫌をとれないから赤ちゃんなのだ。自分の機嫌の悪さをお母さんに泣いて知らせる。そして、お母さんにおむつを替えてもらうか、おっぱいをもらうまで機嫌が悪い。お母さんに機嫌をとってもらうしかない。

大人になっても自分の機嫌を自分でとれない大人は、大人のぬいぐるみを着た赤ちゃんといっても過言ではない。そんな大人が組織やチームの中にいると、どう見ても質の高い人間関係のチームにはなっていけないだろう。つまり、人間関係に信頼が生まれないのだ。**だれかから信頼され、だれかを信頼するためには、「機嫌がいい」生き方、働き方をしていないと、その人間関係は生じないのだ。**機嫌がよく、するべきパフォーマンスの質を担保している人を、人は信頼する。

「どんな人と無人島に行きたいか？」を自問してみよう。わたしは絶対に機嫌よく、そのときできることや、するべきことを行っている人と行きたい。するべきことをしていない人はまずもって信頼できないが、たとえ、するべきことをやっていたとしても、いつも機嫌が悪い人と2人きりで無人島には行きたくない。人間関係が苦しくなることが容易に想像できるからだ。

「機嫌がいい」は、人間関係において信頼を生み出す必須条件だということでもある。こういう原則がある。機嫌が悪くてもいい人はいるが、機嫌が悪い人といたい人はいない！と。

「機嫌がいい」だけでうまくいくのか？

パフォーマンスや健康、そして関係の質から「機嫌がいい」ことの重要性について述べてきたが、必ずこんな疑問を呈する人がいる。『機嫌がいい』だけでビジネスはうまくいくのか？」との疑問である。

答えは「(それだけでは）うまくいかない」。ただ「機嫌がいい」だけで、するべきことをしていない状態は「偽《にせ》ごきげん」とも呼んでいておすすめできない。**「機嫌がいい」心の状態で、するべきことをするからこそパフォーマンスが上がるのだ。**

「機嫌がいい」心の状態で「栄養」「休養」「運動」などのライフスタイルを送るので、真の健康が手に入る。そして、「機嫌がいい」状態でコミュニケーションし、対話し、組織の目的や目標、あるいは個々人の違いなどを高いレベルで共有していくからこそ、組織に高いレベルの「関係の質」が生まれ、ダニエル・キム氏が提唱する「組織の成功モデル」の「思考の質」や「行動の質」、そして「結果の質」につながっていくといえるのだ。

最後に「関係の質」で、近年ビジネス界で話題になっているのが「心理的安全性」と「D＆Ｉ（ダイバーシティ＆インクルージョン)」だ。さまざまな施策を各企業が試みているが、やはりダイバーシティ、インクルージョンともに組織内に仕組みやシステムをつくっても生み出せるものではなく、組織を構成する人財１人ひとりが自分の「機嫌がいい」状態に責任を持っていることが必要だ。

すなわち、個人のあり方として「機嫌がいい」を徹底することが、まずもって先決条件なのだ。揺らがず囚われずの心の状態が、人間関係に心理的安全性や多様性と包含をもたらしていることは間違いない。個々のマインドが揺らぎや囚われで不機嫌なうちは、これらの組織文化は生まれないのだ。

だからこそ、本書のタイトルでもある、『「機嫌がいい」というのは最強のビジネススキル』ということになるのである。「機嫌がいい」をセルフマネジメントできるスキルに自己投資し、そのようなスキルが育つような組織環境への投資がビジネス界でも今後広がっていくことを心から願っている。

脳の機能がよくなる

「認知脳」と「非認知脳」

「機嫌」が脳の機能に影響していることは先にも少し触れたが、ここであらためて考えてみる。人間という生き物は、脳の機能が極めて優れた生命体だといえる。その証拠こそが、わたしたちが今生きているこの文明社会である。40万年前のホモ・サピエンスが現れた時代から今に至るまで、脳機能の進化を続けているわけだ。

その脳機能を上回るＡＩすらをつくり出す脳機能を有している。進化とは脳機能の進化のこととほぼ同意だ。さらには1人の人生においても、赤ちゃんから大人になるまで教育というもので、この脳の働きを磨きあげているといっても過言ではない。

人間の脳機能は、よくいわれている左脳の働きと右脳の働きでも表現されてきた。左脳は論理性、右脳は感覚性のような感じでわたしたちは理解している。わたしはそのほかに、場所ではなく働きとして脳を2つに分類して表現している。

1つは自分の外側に向けて働かせる脳で、それを**「認知脳」**と呼び、他方は自分の内側に向けて働かせる脳で、それを「認知脳」とは対照する意味で**「非認知脳」**と呼称している。わたしたち人類は、間違いなくこの前者の認知的な脳機能に優れた生き物だ。言葉を使って外界を意味づけして理解しているようなことは、まさに認知的な脳機能といえる。

その脳の働きの原動力は「結果」だ。動物も認知するが、生きるという結果以上のものは望まない。人間だけが恐ろしいほどの「結果」を外界に対して示そうとする。

たとえば、「PDCAサイクルを回す」というような脳をフル活動させて日々行動しているのは、まさに「認知脳」の働きだ。過去や未来という外界に情報を探し、反省し計画を立てて、勉強やスポーツやビジネスや日常を向上させようとしているのだ。

一方で「非認知脳」は自身の内側に脳を向ける機能だ。まさに、自分の機嫌や心の状態にアクセスする。認知の脳がわたしたちの利き脳なので、この自分への「非認知脳」を使うのは苦手だ。外界の情報を集めるために、視覚をはじめとした五感が発達していて認知機能と連動しており、自身へのアクセスが後回しになる。携帯電話などの便利なデバイスが、ますます認知的に外界の情報への接着を脳に起こしているのが現代ともいえるだろう。

わたしたち人間が生きるというのは、脳機能を働かせていることだ。脳機能がシャットダウンして完全に無機能になると、脳死と判定される。つまり、**脳が何らかの機能を働かせていることが「生きる」ということなのだ。**

その機能のレベルは人それぞれだったりするが、みな脳を働かせて生きている。今この瞬間も、みなさんはわたしのこの文字１つひとつを認知して意味を理解しながら読んでいると同時に、まわりの状況を理解している。それだけでなく、本を手に持って、ときにはコーヒーをすったり、アレクサに音楽をかけてもらう指示をしたり、お昼ご飯のために炊飯器をセットしたり、携帯電話（スマートフォン）で今日の天気を見て外出時の洋服を決めたりを、当たり前のように高速回転でやっている。その間もさまざまな感情を生み出しながら、いろいろな行動をしているのだ。それらすべては脳の働きのなせる業《わざ》といえる。

「機嫌」とはスマホのアンテナのようなもの

わたしは脳科学者でもないし、ＡＩプログラマーでもないが、脳機能をあえて言語化してみると、その一部は次のように表現できるのではないだろうか。

外界の情報を認知する、意味づけをする、感情を生み出す、理解する、想像する、創造する、判断する、選択する、評価する、記憶する、分析する、比較する、反省する、計画を立てる、行動に移す、実行する、対処する、対応する、対策する、などなど、これらすべては脳の認知機能だ。

一方で、あまり働かせられないが自分自身の感情に気づいたり、自分の考えていることを俯瞰したり、自分の好きなことは何かを見つめたり、自分はなぜこれを選択し、なぜこれを目指すのかなどの目的にアクセスするなどは、ベクトルの向きが自身に向いているので非認知的な脳機能といえる。

いずれにせよ、「生きる」ということは、これらの脳をフル回転させているということと同意だ。

これらの「生きる」ための脳機能が携帯電話のさまざまなアプリケーションだとすると、

心の状態、すなわち「機嫌」はアンテナの状態にたとえられる。圏外の状態になると、あらゆるアプリケーションが機能しなくなるのだ。アンテナ1本だと電話もつながりにくいし、ほとんどすべてのアプリケーションの働きが悪くなる。携帯電話が壊れたわけではないのにだ。使えるアプリケーションも限定的になり、ベーシックなものが残って働くのみだろう。

人間もまったく同じことがいえる。機嫌が悪いというのは、このアンテナが圏外か1本の状態だ。あらゆる脳の機能が働きづらくなる。

中でも、わたしがみなさんに強調して伝えているのは、**機嫌が悪いと判断力、決断力、創造力、想像力、理解力の働きが悪くなるということだ**。これはビジネスはもとより、スポーツ、勉強、何よりも人生を生き抜くうえで致命的なことだ。それは、いわゆる頭のよさには関係ない。その人それぞれが有する脳のスペックが機能しなくなるということなのだ。

このように利き脳の認知機能が働きにくくなるのはもちろん、そもそも非利き脳である「非認知脳」の機能も悪くなる。機嫌が悪いと、自分を見つめたり、自分に気づくのが余計に難しくならないだろうか？　自分にあるアプリケーションのさまざまな脳の機能をなるべく働かせていたいと思わないか？　それと自身の心の状態「機嫌」が多いに関連しているのだ。

「機嫌がいい」は、生きるうえで必須の脳機能を「認知脳」はもちろん「非認知脳」もより

よく働かせてくれるのだ。だからこそ、「機嫌がいい」状態をつくり出せるのはビジネススキルでもあり、人生のためのスキルといっても過言ではない。

もちろん、人間だから機嫌が悪くなりアンテナが1本だったり圏外になることもあるが、自分で自分の機嫌をとり、アンテナ3本や可能なら4本にしていくスキルを有していれば、自分の「人生の質」をマネジメントして唯一無二の充実した「生きる」を手に入れられるはずなのだ。

「機嫌がいい」で実行できる

動き出せない自分を、どう動かすか

人生には「脳の働き」が重要だと、ここまで述べてきた。その通りだ。すべては脳がわたしたちの「生きる」をつくり出しているのだ。がしかし、もう１つ大切なことがある。それは**最終的に脳を働かせたことを行動にしないと、人生では何も生み出せないということだ。**

行動こそ、実行こそが重要だということはだれもが知っているが、それをレギュレーションにしているのが、じつはこれまた自身の「機嫌」だということを理解している人は少ない。

ほとんどの人は、実行の原動力を外界の状況に頼っている。それを「外発的動機」という。やらないといけないから、やらないと叱られるから、やればこれが手に入るから、やればみなに評価されるから、などだ。「危ない」と判断するから逃げるというのも、「危ない」と判断する材料が外部にあっての行動だ。

「雨が降りそうだ」という情報を得たので、傘を持って出かける。雨の情報は外界から与えられたものである。ほとんどの行動を外界の情報にもとづいて行っているのだ。外界に行動の原資が必要なのだ。

つまり、やる気のもとがないと実行できないのがわたしたちだったりする。したがって、外的刺激が弱いと、「どうもやる気が出ない」ということをつぶやいたりして行動できないことが少なくないし、そういう人が多いだろう。

外界の情報や状況に、外発的に自分の行動の原資のやる気を頼っていると、それがそろわないとき、人は文句や言い訳を言いがちだ。そうすると、ますます行動できなくなる。「やばい」という感情が生じて何かをやるというように、不安だから行動を起こすときのように、ネガティブな自分自身の感情で動かされるときもあると思うかもしれないが、それらも、じつはネガティブな感情を生み出している外界の状況があるはずだ。

そうすると、その動き出せない自分を動かすために、強制的な理由を人は探して生きている。「だれだれさんに言われたから」とか、「〇〇しないと困るから」とか、「みなに迷惑がかかる」

かかるから」とか、「締め切りをすぎると本が予定通り出せないから」「上司の命令だから」「コーチにやれと言われたから」、などなどの理由てんこ盛りの状態だ。

何も間違っていないし、その通りだ。わたしも今はその状況で原稿を書いている(笑)。それは、無理やりに理由で動いている感じなのだ。それだと、いつもどこかでやらされている感が残らないだろうか? 編集担当の人の顔が浮かんでくる(笑)。

「機嫌がいい」状態を自らつくれるかが人生の分かれ目

一方で**「機嫌がいい」自分を想像してみよう。行動的ではないだろうか?** アクティブな自分を想像できるはずだ。何かに揺らぎ囚われて機嫌の悪いときに、外発的な理由で自分を無理やり動かしているときとは明らかに違うはずだ。

わたしたちの行動には、「やりたい行動」と「やるべき行動」と「やりたくない行動」があるが、**「やるべき行動」を、外発的にやるのか、まず「機嫌がいい」状態を自らつくって実行するのかが人生の勝負の分かれ目なのだ。**「やりたいこと」は、だれでもがごきげんだろう。だから、放っておいても自らやる。しかし、人生、とくにビジネスの場合は「やるべき行動」「やらないといけない行動」が大半を占める。「やりたくない行動」もあるが、それをやらないというのも行動の1つだ。

それらの根底に自分で自分の機嫌をとれるスキルがあれば、間違いなく「機嫌がいい」ことで実行力はアップする。「機嫌がいい」ほうが、本当にいやなことを断ってやらないという行動も実行できるし、どうせやらないといけない、するべきことの実行力も格段にアップするはずだ。

ピアノやヴァイオリンのクラシック音楽家も、アスリートと同様にたくさんの方々がわたしのところにメンタルトレーニングにやって来るが、彼ら彼女たちはつらい練習を毎日長時間やらなくてはならない。ビジネスパーソンの仕事と同じだ。

なぜ彼らや彼女たちが積極的にメンタルトレーニングをするのかといえば、演奏会やオリンピックの大会という本番のためと思うかもしれないが、ほとんどは練習のためだ。

つらくきつい練習を避けていては、結局のところ、いいパフォーマンスにつながらない。でも練習をしたくない、でも練習はしなければならないという日々が繰り返しやってくる。そんな自分を前に動かすために、外的な理由よりも、自分の機嫌を自分でとって、「機嫌がいい」状態で練習に臨んでいるのだ。

ビジネスパーソンも毎日毎日仕事があって、それを外発的な動機で無理やり自分にやらせている日々なのか、「機嫌がいい」を自ら生み出してどうせやるなら機嫌よくするべきことを実行している人生なのかをイメージしてほしい。わたしは間違いなく後者を選択する。今もそうだ（笑）。

外的な理由で動かされる人生から、主体的に機嫌よくやるべきことをやっていく人生にシフトチェンジしよう。

「じゃあ、どうやって『機嫌がいい』をつくればいいんだ、やらないといけないことばかりの中で」というみなさんの声が聞こえてくる。だからこそ、本書の最大のテーマである**「機嫌がいい」はスキルなので、身につけることが大事になる。**その方法を詳しく後述するのでお楽しみに。ここでは**「機嫌がいい」は実行力にまでつながっているんだ、**ということが腑に落ちていただけるとありがたい。

運も味方につける

心に余裕を持って視野が広くなるから、チャンスはつかめる

運とか神様について、みなさんはどう考えているだろうか？

わたしは実際に運とか神様を手で触れられないので、本当にその存在があるかどうかをみなさんに証明できないが、わたしたちが「運」とか「神様」と呼んでいるような概念はあると思っている。

運がいいとか悪いとか、神様のおかげとか神様の罰を食らったなどは、日々あるさまざまな現象にわたしたちがそう意味づけをしているのだと考えている。だから、そう意味づけできるような事象の見方をしたいとも願う。そこで、「機嫌がいい」がまたまた登場すること

になるのだ。

多くのアスリートたちが異口同音に述べるのは、**「機嫌がいい」と余裕が生まれて視野が広くなる**と。たしかにそうだ。さまざまなものに囚われて揺らいでいる不機嫌な状態に比べて、自然体でごきげんな状態はわたしたちに余裕を生み出し、視野を広げる。アスリートたちにとっては、それが競技者としての生命線の１つともいえる重要なことなのだ。

どんなときも余裕を持って、視野を広げていないと、パフォーマンスを発揮できないということだ。そのときそのときに、瞬時に判断して行動する材料を的確に入手する必要がある。ところが機嫌が悪いと、視野が狭くなりそれができにくくなるのだ。テクニックがあって、うまいと言われても、強くないアスリートがいる。テクニックを発揮するには、そのときの状況を判断し、選択し、実行するために、余裕を持って視野を確保しておかないといけない。そのためには、心を整え、どんなときも「機嫌がいい」状態を維持するスキルが必要なのだが、それに気づけていないアスリートだ。残念極まりない。

だから、スポーツでは「心技体」といわれ、技や体だけでは強くなれないと、わかりやすく「心」の必要性が言語化されているのだ。アスリートたちはどんなときも、「このとき」というのをとらえて見逃さない。そしてそれを連続的にやっている。それはイチロー選手も大谷翔平選手も同じだ、吉田沙保里選手も白鵬親方も、三苫薫選手もメッシ選手も、井上尚弥選手も那須川天心選手もみんな同じだ。

あるテレビ番組で那須川天心くんと対談させてもらったことがある。常に感じて動くことが基本で、そのためにはいつでも心を整えていないと絶対にできないと。「機嫌がいい」状態でリングに上がっていれば、それをやり続けられるだけじゃなく、ここぞという瞬間にもそれができると語ってくれた。体験的にそれを理解して自分のものにしているのだと強く感じさせられた強烈な思い出だ。その彼は、終始「機嫌がいい」状態の好青年だった。

ビジネスパーソンにとっても、人生を歩むにあたっても、同じことがいえるのだと思う。**まず、「機嫌がいい」とまわりのものがよく見えるだろう。**美しくすら思えるかもしれない。それだけで運がいいと思えるだろう。それは、心に余裕があるからだろう。

余裕は時間やお金によって得るものではなく、「機嫌がいい」心の状態で手に入る。そして、その向こうには、「わたしは運がいい」とか、「神様が見てくれていた」という表現につながっている状態が自然にやってくるのだ。

余裕を持って視野が広くなることで、たくさんのチャンスをつかむこともできるだろう。だから、自分は運がいいのだと思うことが可能になるなのだ。逆にいえば、**機嫌が悪くなっ**

ているこことで、失っているものは計りしれないのだ。余裕がないために、視野が狭いために、見逃している事象や出来事や人物などは数えきれないほどある。

ごきげんは「運」を呼ぶ

わたしは15年ほど前にマウイ島で、ザ・リッツ・カールトン・ホテルの裏の遠浅のプライベートビーチで波の勢いで海底にたたきつけられて頸椎《けいつい》を骨折し、意識不明で溺れ死にそうになった経験がある。

海底にたたきつけられたその瞬間にやばいと思ったものの、そのまま海底で首から下が完全麻痺でまったく動かなくなり、立てない、泳げない、息ができない、声を出せないの四重苦だった。事態はパニック状態だったが、心がパニックになったら死ぬと冷静に判断していた。状況はまさに死にそうになりながらも「機嫌がいい」状態に全集中していたような記憶しかない。パニックにならなかったおかげで、肺に少し残っていた空気で上半身が徐々に浮き上がり、口が水面に出たので、その瞬間に大声でヘルプを叫んだのだった。

ただ、息を吐き出してしまったために、そのまま身体は沈んでいき、海底でわたしは意識をなくしていくことになる。しかし、運よくその声を聴いた日系四世の身体の大きな20歳台の男性が、広い海でわたしが沈んでいるほうに泳いで来てくれて、沈んでいるわたしを発見してくれたのだ。

このことを「運よく」と表現しがちだ。わたしはその間にほぼ三途の川を目の前に見ながら、無意識下に抵抗している感じだったように思う。その瞬間に彼が海から引き出してくれて、浜辺で蘇生され、海水を吐き出して、意識が戻り、青い空と彼の顔が見えたのだ。

そのまま救急車でマウイ島の総合病院のICUに緊急入院した。あの海にたった1人の男性がわたしの声を聴いて、あの広い海でわたしの沈んでいるほうに探しに来てくれ、それが若く大柄の男性だったこともあり、わたしは三途の川を渡ることなく生還できたのだった。

ここで述べているような「運」について語るなら、無茶苦茶ほんとに運がよかったといえる。

さらに入院後、ステロイドの大量投与によるさまざまな副作用で苦しんだが、奇跡的に知覚と運動覚が2日後から戻りはじめ、頸椎7番の骨折はあるものの、脊髄損傷《せきずいそんしょう》はなく、麻痺を残すことなく回復した。1週間後には完全ギプス固定のまま日本に帰国という運を手に入れた。わたしがそのときできることは「機嫌がいい」状態を手放さないことだったが、それだけで結局この「運のよさ」と「神様のおかげ」がやってきたのだ。

みなさんにここまでの話はないかもしれないが、**「機嫌がいい」はわたしたちの人生で何かをつかませてくれるといえる。**それを「運」と呼ぶかどうかは、その人が決めればいい。ということで、「機嫌がいい」はわたしたちに運を呼び寄せるといえるのではないか。今も世界中で、「機嫌がいい」で小さな運を手に入れている人は無茶苦茶たくさんいるに違いない。一方で、**機嫌が悪くなることで失っているものがたくさんある、というのも絶対的な真実といえるだろう。**

「人生の質」の向上をもたらす

人生の「長さ」と「内容」

人生の質、「Quality of Life」を意識したことがあるだろうか？

ほとんどの人は「人生の質」よりも、ほかのことを大事にしているはずだ。それは、まず人生には「長さ」、すなわち寿命がある。日本人の平均寿命は男女で少し差があるが、ほぼ80歳とだれもが知っているだろう。

さらにもう1つ、人生には「内容」がある。何をしてきたのか？ どんな人生を歩んでいるのか？ 何かを成し遂げたのか？ どんな人生をすごしてきたのか？ だ。

多くの人は人生を考えるとき、この「長さ」と「内容」にほぼ注力しているに違いない。

どのくらい生きるのか？　何歳まで生きられるのか？　長生きしたいといろいろ工夫しているだろう。

また、「内容」をよくするために、さまざまな努力をしているだろう。資格を取得したり、職種を変えたり、専門技術を身につけたり、企業を選んだり、仕事の面だけでなく、多くの人がプライベートでも何をするのかいろいろ考えて実行している。

わたしも、この2つを考えてほぼ生きてきたといっても過言ではない。なんの根拠もなく、日本人だから80歳くらいは生きるだろうとか、辻家は長寿の家系で100歳まで生きている祖父母もいるのでひょっとしたら100歳くらいまで生きられるかもしれないとか、を勝手に考えて生きてきた。

若いころは、これらの遺伝的要素にあぐらをかいて、じつは寿命に影響を強く与えているライフスタイルなど無視して、無謀に勉強して、スポーツをして、仕事をしていたように思う。

スポーツドクターとして、産業医などの立場から、健康医学を専門にするようになり、はじめて日々の「栄養」「休養」「運動」といった自身の生活習慣が人生の「長さ」、すなわち寿命に大きく影響していることに恥ずかしながら気づくようになった。

人生の「長さ」は遺伝でただ決まっているのではない。日々の生活で、何を食べているのか？　身体は動かしているのか？　睡眠はしっかりとれているのか？　などが積み重なって、健康や元気を決めて、それがひいては人生の「長さ」を決めることになると知るようになった。多くの人にも気づいてほしいと願う。

人生の「内容」についていえば、わたし自身何を考えてきたのだろうか？　自分で考えて自ら自分の人生の「内容」を決めてきたことはどんなことがあったのか振り返ってみたいと思う。

6年間一貫校の中学を受験したが、小学校5年から「塾に入って勉強したい」と自ら言ったように思う。中学に入って、小学生のときにやっていた剣道部がなかったので、自分で選んでバスケ部に入った。大学受験で医学部に行くことも、どの大学かも悩んだが自ら決めて進んだ。

一人暮らしがはじまり、毎日何をするのかを自分で決めて生活していた。何科のドクターになるのか？　どこで研修医生活をするのか？　病院を辞めてメンタルトレーニングを専門とするために独立をするのか？　本を書くために井上雄彦先生にお会いしたのを経て、どこでオフィスを構えるのか？　そもそも妻と結婚し、どこに住むのか？

今現在も毎日何をするのか？　決めて生きているのだなと、こうして考えてみるとつくづく思える。自分のやりたいことをやってきたし、これからも生きていきたい。

人生は「質」によって立体的になる

さて、「内容」と「長さ」も人生に大事だが、そこには「質」が存在していることにパッチ・アダムスの映画を観てわたしは気づかされた。「長さ」や「内容」のすべてに、じつは自分自身の心の状態が「質」として限りなく影響しているのだ。

「長さ」は、どんなに長くしても、結局死ぬことは変わらず決まっている。生きている間の「質」を高めるために、少しでも「機嫌がいい」状態でいたい。それが日々のライフスタイルの「質」にも影響しているから、**「機嫌がいい」は、「質」を通じて「長さ」に対しても重要な因子なのだ。**

また、「内容」にも「質」がある。何をしていてもそれをどんな心の状態でやっているのかが人生の「質」を決めていくのだ。「機嫌がいい」は人生の「内容」に関係なく、そのすべての「質」を高めることになるのだ。「長さ」や「内容」ばかりを気にして生きるのではなく、**人生の「質」のために自らの心の状態にももっと関心を持つべきだ**と多くの人に伝えたい。

人生に「質」の概念を持てば、「内容」と「長さ」の平面の人生が立体（次ページの図）となり、奥行きが何倍にもなって人生に広がりが生まれることを知ってほしい。「質」がなければ、人生に立体感が生じることもないということだ。

わたしは、人生に「質」があるのだということをパッチ・アダムスに教わることができた。映画を何度も観て、書籍も読ませていただき、大勢の中の1人として講演も聴かせていただいた。観て、読んで、聴いて、五感のすべてに刺激を受けて、心底その「質」の重要性に気づくことができた。

ラッキーにも一昨年、直接お会いした。さらにわたしの細胞すべてがパッチ・アダムスの「心」や「質」ということの価値をキャッチアップし、共有することができた。ありがたい時間と空間だった。

わたしにできることは、わたしが感じ取って人生が変わったパッチから教えていただいた「質」に対する価値の気づきを本書を通じて少しでも多くの方に届けることだ。そして、多くの読者の方とも直接お会いしてこの価値をぜひ共有していきたい。お会いできることを心から願っている。

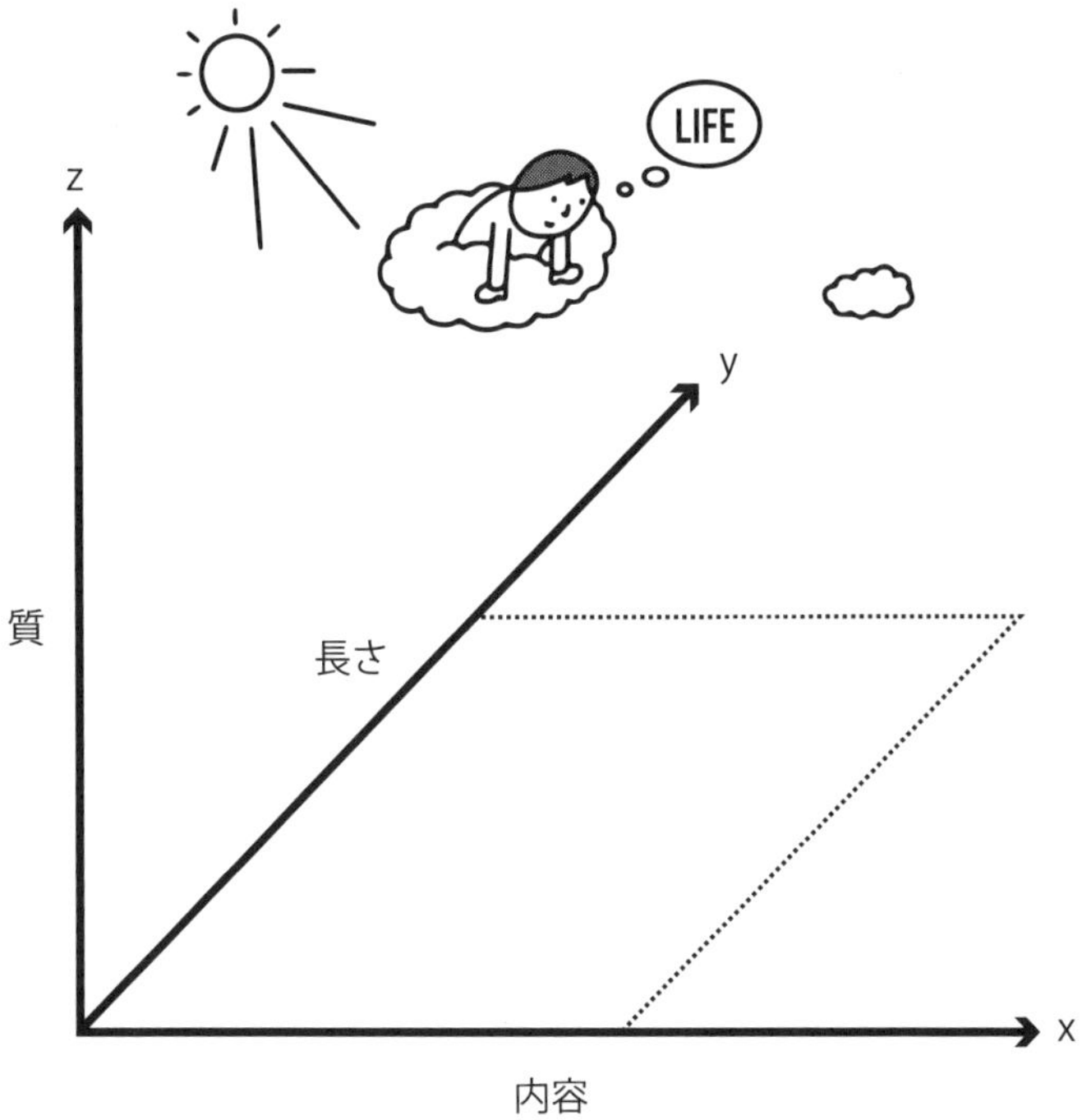

人生の価値=内容×長さ×質

アンガーマネジメントを超える

「怒り」をコントロールするよりも大切なこと

多くの人が「怒り」のコントロールができずに人生を失敗したり、大事なものを失ったりしている。この「怒り」を意味する「アンガー」の感情マネジメントには世界中で関心があり、「アンガーマネジメント」なる言葉や対策や組織が生まれてしっかりと機能している。

あるテレビ番組で「アンガーマネジメント」の特集があり、脳科学の先生が「怒り」のメカニズムを説明したり、アンガーマネジメント協会の方が「怒り」のコントロールの仕方を詳しく解説されていた。その番組に、以前より懇意にさせていただいている松岡修造さんに声をかけていただき、アンガーをマネジメントするのではなく、最大の予防は「ごきげんマネジメント」ではないかとお話をさせていただく機会を得た。

アンガーをマネジメントしているうちは、「怒り」というネガティブな感情の中にいる。「機嫌がいい」という「ごきげん」にフォーカスし、「ごきげん」をマネジメントすることが重要なのではないかということをたくさんの方に届けられたのではないかと思っている（機会をいただいた修造さんに心より感謝申し上げたい）。

「不機嫌の海」の中で泳いでいないか

わたしたち人間は怒りなどのネガティブな感情を生み出し、**「不機嫌の海」**の中で泳いでいることがしばしばある。それはネガティブな感情を契機に何かの行動を誘発する動物としての原始的なメカニズムを、人間という高等な領域で実施しようとするからだ。

相手の考えが自身の考えと違うと、自己正当化するために怒りの感情で攻撃する。生命の危機につながるような事態が起これば、命を守るために怒りの感情で自分たちを守る。ときには、それで戦争すらしているのだ。動物は生命維持や種の保存のためにのみ怒りの感情で戦うが、人間には高等な脳があり、それ以外のさまざまな理由で怒りの感情を有して攻撃をする。利益をめぐってだったり、宗教上の対立であったり、領土の問題であったり、過去を根に持つことであったり、などなどだ。

人間はやっかいな生き物だ。個人でいえば、世界中、国中、街中、組織中で、怒りで争っている。それにより、たくさんのものを失っているのだ。友情だったり、信頼だったり、信用だったり、家族だったり、職だったり、を失い、人生を台無しにしている人が残念なことに少なくない。

このネガティブなよくない感情の海の中にいて、それをどうマネジメントして、この怒りの原因にどう対処するのか、どうやってこの海を泳ぐのか、この「不機嫌の海」をなくすのか。こうしたことにもがいていることでさらに疲れる。

もしかすると、「不機嫌の海」での泳ぎ方を体得する練習ばかりをしているうちに、怒りの中にしかいられなくなり、ときに大きな怒りの嵐がやってきて荒れた海で溺れて沈んでしまうことにもなりかねないだろう。「不機嫌の海」での泳ぎ方ではなく、「機嫌がいい」の**「ごきげん大地」**での生き方を習得していったほうがいいのではないかと思う（次ページ図）。

「ごきげん大地」で地に足をつけて生きるのか？
「不機嫌の海」で揺らぎ囚われて泳ぐのか？

もちろん、人は弱いし、生き物としての仕組み上、致し方なく「不機嫌の海」に飛び込むこともある。がしかし、「ごきげん大地」で強く生きることをしっかり学んで生きていったほうがクレバーではないだろうか。わたしはそう考えて、「機嫌がいい」を自らマネジメントできるスキルをみんなに伝えている。

しかし、かくいうわたしも慶應病院で内科医として忙しく働いているときはすぐに怒っていた。看護師さんたちをやり込めていたことすらある。その後、メンタルトレーニングに出会い、「フロー理論」に出会い、「ごきげんマネジメント」の理論を自分で確立し、身につけていくようになって、そんなことはいっさいなくなった。

どんなときも「ごきげん大地」にいるようにしているし、その方法をみなさんにお伝えしている。まわりにも「ごきげん大地」での生き方を習得して、滞在時間も長くなり、怒りの「不機嫌の海」に落ちても、すぐにそこから「ごきげん大地」に戻れるようになっている人が少なくない。とてもうれしいことだ。そして、それはきっと世界平和につながると確信している。

アンガーだけでなく、そのほかのネガティブな感情による機嫌の悪い「不機嫌の海」でプレイしているアスリートたちは、間違いなく質の高いプレイができないと体感的にわかっている。

競技によっては、薄い不機嫌の水たまりにいるだけでもパフォーマンスの質が低下して負けてしまうのだ。ゴルフのパッティングであったり、射撃だったり、サッカーのＰＫや体操の平均台、フェンシングやトランポリンなどなどだ。だからこそ、いかに機嫌のいい「ごきげん大地」にいるかにアスリートたちは全力を注いでいるのだ。

ビジネスでも、いかに「ごきげん大地」で仕事をするかが重要だと理解しているビジネスパーソンのそろう企業は間違いなく、パフォーマンスが高く成果につなげている。

不機嫌で失うものを知る

不機嫌な状態だと、どんなことを失うのか

この章では、さまざまな視点で、**「機嫌がいい」といいことがある**ということを詳しく説明してきた。うまく伝わっているだろうか？　やはり、少しでも「機嫌がいい」毎日をすごしたい。仕事もどうせやるなら「機嫌がいい」状態でやりたいと強く感じていただけただろうか？　そう感じていただけていることを心から願っている。

この章の最後に、「機嫌がいい」の反対で、**心が乱れ、ストレスを感じ、揺らいで囚われている不機嫌な状態だと何を失うのか**を簡単にあげてみよう。「ごきげんマネジメント」は体感学といってもいい。理屈よりも経験にもとづく体感がその根拠となっている。ご自身の

体感にさらにアクセスして、腑に落としてほしい。

不機嫌で失うものリスト

・集中力
・快適な睡眠
・やさしさ
・丁寧さ
・信頼
・笑顔
・判断力
・余裕
・創造性
・美味しい食事

何かに囚われていると、目の前のことに集中できなくなる
不機嫌だと、入眠も目覚めも悪く、睡眠の質も落ちる
人は、機嫌が悪いとき意地悪になる
心が乱れていると、人は雑になる
機嫌が悪いと、人間関係の質が低下し信頼を失う
揺らぎ囚われていると、表情が悪くなる
機嫌が悪いと、判断力が鈍って正しい判断ができなくなる
不機嫌なとき、心の余裕を人はなくす
機嫌が悪いと、明らかに人はアイディアが出なくなる
ストレスを感じ不機嫌だと、ご飯が美味しくなくなる

・傾聴
・実行力
・寛容さ
・心理的安全性
・健康
・自分らしさ
・柔軟性
・素直さ
・記憶力
・感じる力
・内観する力
・発言力
・切り替え
・視野
・気づく力

機嫌が悪いと、相手に寄り添い、話を聴いてあげられない
心が乱れて揺らいでいると、人は行動しなくなる
不機嫌だと、人を許せなくなる
機嫌の悪さは、人間関係の安心感を阻害する
不機嫌は、あらゆる病気の源となり健康を失う
機嫌が悪いと、外界に囚われているので自分らしくなくなる
機嫌を損ねているときに、人は頑固になり柔軟でなくなる
不機嫌のときに、人は素直さを失う
機嫌が悪い状態は、何かを覚えることをできなくする
揺らいで囚われていると、感じる力が落ちる
不機嫌だと、客観的に自分を見つめることができなくなる
機嫌が悪いと、自分の意見を言わなくなる
不機嫌のときほど、引きずってしまい切り替えが悪くなる
心に不機嫌の風が吹いているとき、視野が狭くなる
ストレスを感じ不機嫌だと、さまざまなことに気づけなくなる

など失うものは計りしれない。

すべては「機嫌がいい」ということで、仕事も人生も成り立っているのだ。

第2章

「機嫌」とは何か？

揺らがず囚われずの状態

心の状態を表す「機嫌」という言葉

人間は心の生き物だ。つまり、何かを感じて生きている。さまざまな感情を抱いて生活し仕事をしているのだ。その心の状態をどう表現してマネジメントするのか？

日本では、心の状態を「気持ち」とか「気分」とかで表現してきた。ただ、「気持ち」も「気分」も心の状態だけでなく、じつは「考え」、つまり「思考」も入ってしまっているのだ。

今は休みたい気分。これは心の状態ではなく「考え」だ。みんなを喜ばせたい気持ち。これも明らかに「思考」のことをいっている。

そこで日本には、心の状態を表現する最適な用語の1つとして「機嫌」という言葉がある。

「機嫌」は間違いなく心の状態を示していて、わたしたち日本人なら、胸の辺に感じるものだ。「機嫌がいい」とか「機嫌が悪い」という感じは、胸のあたりの心の状態を表現している。

心の揺らぎを表す「セルフイメージ」

わたしがこうした勉強をはじめたころ、モントリオールオリンピックの射撃の金メダリストのラニー・バッシャム氏は「セルフイメージ」という言葉で心の状態をとらえようとしていた。心の状態の揺らぎを言い表すために、「セルフイメージ」が大きくなったり、小さくなったりするというように、理解し伝えていた。ネガティブな感情が起こって心に揺らぎが生じていると、「セルフイメージ」は小さくなると。その「セルフイメージ」の大きさが心の状態の安定感を表すのだという説明だ。その大きさに応じて、パフォーマンスのレベルが決定する。

ラニー・バッシャム氏のその理論がわかりやすく、拙著『スラムダンク勝利学』でもその理論を使って心の状態とパフォーマンスの関係を描いている。がしかし、しだいに心の状態の表現は「揺らぎ」だけではなく、「囚われ」という概念もあると思うようになった。先述した「固定概念」や「セルフコンセプト」という考えを学んだからだ。

「フロー理論」と「揺らがず囚われず」の心の状態

たしかに、**「囚われ」の心の状態は自分らしさをなくしている。**そんなことを考えているとき、シカゴ大学で行動科学を専門とするチクセントミハイ教授の「フロー理論」を目にした。仕事の職種や場面、地位に関係なく、またスポーツでも競技種目やポジションに関係なく、さらには音楽でも楽器や弾いている曲に関係なく、自分らしいパフォーマンスがインプットやアウトプットされているときは、みな同じ心の状態にあるという考えだ。

そのようなときは、「流れるかのごとく」と表現して説明した人がアンケートで多く、その心の状態を「フロー」と呼称した。まさに、その心の状態を「揺らがず囚われず」の心の状態とわたしは理解した。

チクセントミハイ教授は、そのような心の状態がどのようなときに生じるのかを研究され、たとえば自身のスキルレベルと自分の取り組んでいるパフォーマンスの課題のバランスが整っているときと述べていた。そして、「フロー」は無我夢中の状態でもあるとも。かなり、多くの人が知っている概念、「ゾーン（Zone）」に近い心の状態だ。

400年も前に、日本でも宮本武蔵が晩年したためた『五輪書』の、「心」のことを述べている「水の巻」に同様のことが書かれている。流れる水のごとしの心の状態でないと天下無双は手に入らないばかりか、真剣勝負の世界では死ぬと。たしかにその通りだが、わたしはもう少しライトにとらえることはできないだろうかと考えたのだ。日常的にだれにでも関心を持ってもらえる概念だ。

チクセントミハイ教授のようにフロー状態を条件によるもので、かつ究極なところの心だと解釈すると、メンタルトレーニングを進めていくうえで多くの人に汎用的に理解してもらうことは難しいと考えるようになった。

日常の心の状態を最も表現しやすいのが「機嫌」

そこで、この「揺らがず囚われず」の心の状態を考えたとき、「機嫌」という言葉を思いついたのだ。揺らぎ囚われているときの心の状態をストレス以外に何かうまい表現はないかと考えあぐねていたときに、そうだ、それこそが「不機嫌」だと気づいたのだ。

機嫌が悪いときの心は、何かに揺らぎ、何かに囚われているのだとわかった。逆に、その視点で考えてみると**「機嫌がいい」ごきげんな心は、まさに揺らぎや囚われのないときなのだ**。そこで、心の状態を「機嫌」ととらえて、「機嫌がいい」状態を「ごきげん」、「機嫌が悪い」状態を「不機嫌」と表現するようになった。

そのことにより、日常でのみなさんの理解が急激に高まった。「機嫌」は日本人には極めてとらえやすい概念と言葉だったのだ。今、機嫌悪くないですか？　機嫌がいいですね。あの人、不機嫌ですね。今日もごきげんでいきましょう。などなどだ。「機嫌がいい」ごきげんな心の状態には、いろいろなものがふくまれているが一括でこれで済む。

わくわくしているのも「ごきげん」だが、リラックスしているのも「ごきげん」だし、楽しいのも「ごきげん」だが、安心も「ごきげん」だ。

一方、「不機嫌」も同様だ。「不機嫌」にもいろいろあるが、私たち日本人は、イライラも、怒りも、落ち込みも、がっかりも、不安も、心配も、すべて「不機嫌」で事足りてしまう。便利な言葉が日本には存在していて、これを使わない手はないと、わたしのメンタルトレーニングでは大いに利用させてもらい、たくさんの方も把握しやすくなっている。

人間の心の状態を図に表すと、76ページのようになる。人には心の状態が必ず存在していて、その状態を示す矢印があるということだ。程度の差はあれ、この矢印は左右どちらかにしか傾かない。左に傾いていけば、何かに揺らぎ囚われてストレスを感じている状態。それが「不機嫌」「機嫌が悪い」感じだ。**ノンフロー（Non Flow）な状態**。この心の状態がひどくなってさらに左に傾き、戻れなくなった状態がうつ状態だ。心の病気の状態と表現できる。

一方、右に傾くと「機嫌がいい」状態だ。揺らがず囚われず、ごきげんで自然体だ。すなわち、**フローな状態**。チクセントミハイ教授のよりも範囲が広く、ライトな状態もふくんでいる。

その先の究極に「ゾーン」の状態がある。ボールが止まって見えるとか、一挙手一投足がスローモーションのようにとらえられるような究極の状態だ。スポーツでは、ときに体験可能な究極だ。『スラムダンク』でいえば、山王工業戦で湘北の三井くんがスリーポイントをバンバン決めて追いついていくときの感じだ。

ただし、日常やビジネスもゾーンである必要はない。とにかく、右のほうに心が傾いている状態、「機嫌がいい」状態を仕事の中で増やしていく。**自分の機嫌は自分でとって、「機嫌がいい」状態で、せっかくやるなら、どうせやるなら、やっていけるスキルを有してほしい**というのが本書の狙いにほかならない。

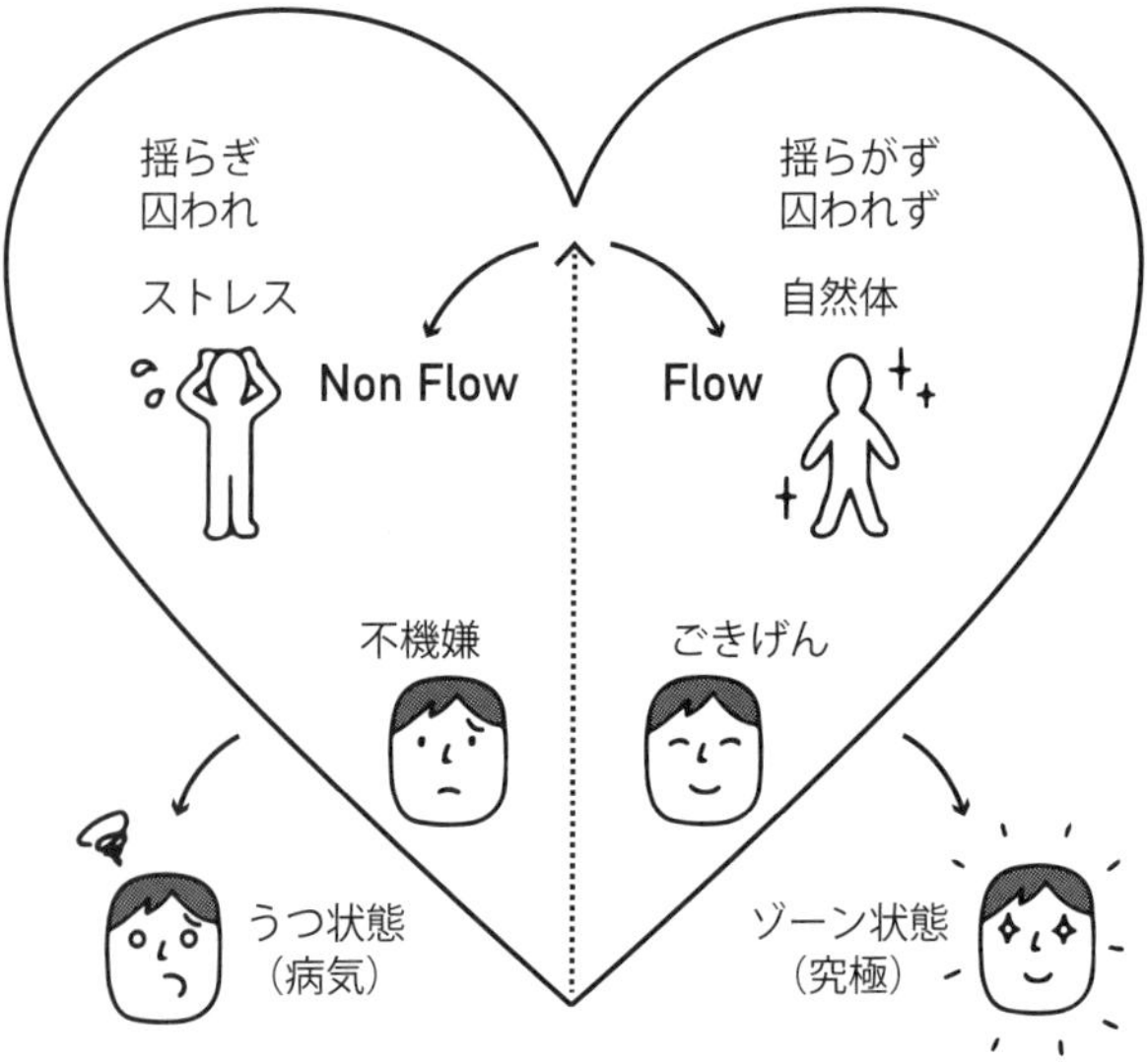

心の状態「機嫌」の矢印は
左か右にしか傾かない

社会と人生と人は「機嫌」でできている

「生きる」というパフォーマンスを構成する２つの要素

心の状態はとかく見えないので忘れがちだが、どんな人にも「機嫌」があって、仕事も人生も送っているのだ。しかし、ただ闇雲に「機嫌よくやれ」と言われても、なかなかピンとこないのもまた事実だ。

先述したように、わたしがそれに気づけたのはパッチ・アダムスの「質」の概念があったからである。人生は死ぬことだけは決まっていて、その生きている間のすべてに「質」があるということの理解が、わたしをこの考え方に興味を持たせたのだ。

最初から直球で心の話だったら、もしかしたら抵抗感があったかもしれない。「心」というと、まず最初の印象は宗教だ。さらに、もう1つの印象は精神科。病んだ心についてだ。わたしがパッチを通じて、心の状態に興味を持てたのは、それが人生の質、行動の質、思考の質、関係の質、時間の質に関わっているのだということを理解できたからだった。それで、これまでとはまったく違う視点で、心の状態への関心を素直に持つことができたのだと思う。

前章の「QOL」のところでも述べたが、すべての人が「生きる」というパフォーマンスを死ぬまで行う。そこには何をするのかの「内容」がどの人にもある。なので、どの人もその「何を」するかを考えて実行し、生きることに全精力をかけている。それこそが人生だと思い込んでいるからだ。

しかし、それだけだと「どんな心の状態で」という「質」の概念を無視しているので、ストレスばかりがかかり不機嫌な人生になる。明らかに「well-being」ではない。何かをやってうまくいったらごきげんになれるとか、自分のしたいことができたら「機嫌がいい」自分でいられると思いながら、人生の試合に悪戦苦闘して、ひたすら量で勝負し続けることになる。

何度も申し上げるが、慶應病院で働く内科医時代のわたしそのものだ。しかし、人生と仕事には「質」がある。すなわち、「機嫌」という心の状態が重要だ。ということは、その「機嫌」をマネジメントしてごきげんな心を整えることができないと、人生の大半を決めている「質」というところが台無しなのだと。**心を整える自分と、何をしないといけないのか考え実行する自分。この両者を大事にすることが何よりも生き抜く力になるということなのだ。**

人生は、自分ひとりで生きているわけではない。必ず他者との関係性の中でわたしたちは生きている。家族との関係、仲間との関係、チームメイトとの関係、地域との関係、上司との関係、クライアントとの関係、部下との関係、お客さんとの関係、他人との関係などなど枚挙にいとまがない。

それらの関係する自分以外の人、すべてに「生きる」があり、彼ら彼女たちもまた何をするのかの「内容」とどんな心の状態かの「質」の両方でできた「人生」と「生きる」というパフォーマンスをやっているのだ。隣にいる人も、前にいる人も、一緒にいる人も、いない人もみんな同じ構造だということを忘れてはいけない。

何をするのか、何をしているのか、何をしなければならないのか、などの「内容」はそれぞれだが、この構造はすべての人、すべての瞬間で同じなのだ。そして、「機嫌がいい」でないと、その人の「生きる」の「質」も低下しているわけである。この仕組みを知らない人は、知らないからまわりでも平気で機嫌が悪くなっているわけなのだ。どんな理由があれ、「機嫌がいい」を手放したら、「質」は落ちていくということだ。

そこで、人と接するときも、この2つの軸を意識すればよい。人はそれぞれ複雑に生きているが、この構造がわかっていればシンプルに人と社会を見ることができる。

他者との関係は「指示」と「支援」でできている

そこで、**他者との関係において「内容」について触れるのを「指示」と呼び、どんな心での「質」かについてアプローチすることを「支援」と呼称する。**「支援」とはおごってあげるとかではなく、「機嫌」や心の状態、あるいは「質」を大事に他者に接することをいう。

他人との関係は、人の仕組みがわかっていれば、この「指示」と「支援」でできているといっても過言ではないことを理解できるだろう。

「指示」は明確かつ具体的に、ときには厳しくてもいい。行動の内容に関しては、友だちでも悪いことをしようとしていたら、ダメだと言える関係が大事だ。上司や親やコーチは部下や子どもや選手に対して、行動の内容に対して「指示」の責任があるだろう。

一方でどんな人にも心の状態があり、質が存在する。それは部下や子どもや選手にもだ。

彼らはみな人間だから、当然だ。その心の状態に「機嫌がいい」をもたらすアプローチのことをあらためて「支援」と呼ぶ。ここでいう「支援」は助けてあげるとかボランティアや金銭的サポートではない。心の状態、すなわち「質」への配慮を他者にすることだ。

人間関係は、この「指示」と「支援」のバランスで成り立っている。「指示」過多で「支援」がなくなればハラスメント傾向になる。「指示」がなく、ただ「支援」しかないとカウンセラーだ。他者を「機嫌がいい」状態に導く一番の鉄則は、自らが「機嫌がいい」という状態でいることだ。それが絶対的な社会的責任だということ。自分の機嫌を自分でとり、「機嫌がいい」を大事にしている人は、それだけでまわりをごきげんな空気にしている。

人間の仕組みをよくわかっているのなら、「機嫌がいい」は甘やかしの構造ではなく、人間社会の鉄則ともいえる重要なことだと理解できるはずだ。すべての人間関係は、この「指示」と「支援」のバランスの上に成り立っているのだ。ここにも、自分のみならず「機嫌」という心の状態への視点がなくてはならないことがわかる。

わたしたち人間は、後述するが認知的な脳が極めて発達したために、行動の内容に関しては高いレベルで関心があるが、自他ともに、人間の内側にある心の状態に対して、そのマネジメントが苦手だといわざるをえない。

しかし、それでは携帯電話でいえば、アンテナを無視して、電話をかけようとしていたり、SNSをやろうとしたりしてうまくいかないことと同じで、仕組みを無視した不十分な「生きる」をやっているにすぎないのだ。しっかりと人間の仕組みを理解して、「生きる」に責任を持って生き、そして自分と仲間で仕事もしていこう。

意味を持つ人間にだけ「機嫌」がある

人間は「言葉」で「意味」をつける

人間の感情、「機嫌」はどこからくるのか？

心の状態の「機嫌」を、人間は言葉があるのでそれを人間だけが表すことができる。しかし、逆にいえば、**人間だけが複雑にさまざまな感情をつくり出しているのは、脳がさまざまな意味づけを起こすからなのだ。**

人間は脳の認知機能の発達の段階で言葉ができて以来、恐ろしいほどいろいろな意味づけを起こして、それにより感情を生み出しているのだ。動物は単に生命維持のためにだけ、感情を起こし、人間のように複雑な感情を持ち合わせにくい。それは「言葉」と「意味」という概念がないからといえる。

「人間は意味の生き物」といわれるのは、言葉があるがゆえのことだ。すべてのモノ、事象、現象、人物に意味をつけて、人類は繁栄してきたのだ。

「言葉」がついてないものはいっさいない。すべてを「言葉」という「意味」で認知していくのがわたしたちの脳の特徴だ。シンプルなところからいえば、モノにはすべて名前をつけて認識する。名前をつけることで、ほかのモノと区別ができるように「言葉」ができあがっていった。

ヘレン・ケラーの有名な話がある。手のひらで水に触れてそれを感じ取り、これを「水」、英語では「water」という意味のついたものなんだと知る場面だ。視覚や聴覚など認知の元となる感覚を奪われて、「言葉」という「意味」に触れることのできなかった彼女ははじめて、人には「言葉」やそしてそこに「意味」があるのだと知るのだ。赤ちゃんもそれぞれの国のそれぞれの言語でそれぞれの家庭の中での「言葉」に触れ、しだいに「意味」を獲得していくわけである。

今、みなさんが読んでいるモノをわたしたち日本人は「本」という言葉で、「本」という意味だと理解しているはずだ。外国人なら同じ本を見ても、「本」とは言わず、アメリカ人なら「book」と言い、フランス語では「livre」と言い、中国語では「shu」と言い、イタリア語では「illibro」と言う。みな見ているものは同じはずだが、それをそれぞれの言語で意味を表現しているのだ。

本当はわたしたちが今話題にしているものは今、手に取っている物体でしかない。そう、その物体にそれぞれの言葉で意味をつけているのだ。それぞれの人に共通しているが、それぞれがそれぞれの言葉で意味をつけているのが人間だ。犬や猫やキリンやカバにこの「本」を表現する言葉はないはずだ。だから、本とノートと雑誌と聖書を区別できないのだ。

ところが人間はモノの名前だけでは飽き足らず、さらにそれを形容する意味の言葉までを生み出していく。それがじつは「感情」、つまり「機嫌」を生み出していくことになる。

たとえば、「本」という名前の意味だけでいいのに、さらに「面白い」とか「つまらない」とか「長い」とか「短い」とか「難しい」とか「簡単だ」などの意味をつけていく。そもそも本にそのような意味などついていないのに、人は個人の都合や人類普遍の原則や人種共通で意味をつけることで「感情」を生み出していったのだ。

朝５時から仕事だとしよう。どんな意味をみなさんは持つだろうか？「５時」という時間そのものよりも「早い」という意味づけのほうが先行しないだろうか？　すると、明日は

5時起きだと思うと、「早いなあ」と憂鬱な感情になるわけだ。

「熊」という意味のついた動物に遭遇したら、さらに「恐ろしい」という意味がついていて、「怖い」とか「やばい」という感情が生み出されるのだ。それによって、「逃げる」という行動を生み出さないといけないからだ。

意味づけると、そこに「感情」が生み出される

生命維持のためだけの「意味」と「感情」でよかったのに、人間の進化に伴い、さまざまな「言葉」と「意味」で「感情」をつくり出してしまうのだ。本書のために10万字の原稿を今、書かないといけず、ただの10万字なのに、「長い」とか「多い」とか「大変」という意味がついてしまうので、わたしの「機嫌」に「しんどい」という感情が生み出されるわけである（笑）。仕事になると、どうしてもネガティブな感情になるような意味づけの事象や人などが増えるからストレスを感じるのだ。

しかし、人間は意味の生き物だから、認知脳が働き続ける限り、意味からは逃げられない。

つまり、人間は認知脳による言葉のために動物よりも強烈に意味づけを起こして、大事な「機

嫌」にネガティブな感情を起こし不機嫌を生み出してしまうということなのだ。もちろん、よい意味づけの言葉もたくさんあるが、ことビジネスとなるとそれが少ないということがやっかいでもある。

たとえば、こんな感じだ。「明日は朝早くて5時には家を出て、ちょっと遠いが福岡まで行って、ちょっとやっかいな案件をたくさんこなして、苦手なあの人と今後について長い打ち合わせをして、夜遅くに帰宅する予定のしんどい日だ」。こんな会話がないだろうか？

この会話こそ、意味づけ〝てんこ盛り〟の内容だ。5時を「朝早い」と意味づけし、福岡を「ちょっと遠い」と、案件に「やっかいで」「たくさん」と、「苦手な人」に「長い打ち合わせ」、そして帰る時間を「夜遅く」と。どんな感情が生まれるだろうか？

おそらく、ほとんどネガティブな感情ばかりではないだろうか？　それで「機嫌」が悪い状態になっているのだ。すべては意味づけが起こした不機嫌だといえる。ただ、意味づけが悪いのではなく、**人には認知脳があり、言葉を持つからこそ意味づけの生き物だという仕組みを知っておくことが重要なのだ。**

意味づけも、人それぞれだ。朝何時を「早い」と意味づけするのか1人ひとり違うだろう。「遠い」と思う出張先も個人によって違う。

経験にもとづいて、わたしたちは「言葉」としての「意味」を形成していく。それは個人固有のものもあれば、家族の環境の中でつくられる意味づけもあり、日本人なら日本人の中でできあがっている意味づけもあるのだ。その意味の形成には気づけず、それによって起こった「機嫌」の変化でしか、人はなかなか気づきにくいのだ。

なぜ、この人はこんなことでイラっとするのかといえば、その人固有の意味づけが強烈にあるからなのだ。**この人間社会は「意味」でできあがり、「意味」の投げ合いの社会ともいえるだろう。**

「機嫌がいい」はポジティブではない

「フロー」と「ノンフロー」

「人間は意味の生き物」だということを強調して述べてきた。進化とともに認知機能が発達し、「言葉」を生み出してきたのが人間ということになる。すると、人はどうしてもネガティブな意味づけをするので、機嫌が悪くなったり、不機嫌になったりするのだ。それは、そのネガティブな「意味」と「感情」をトリガーに行動を起こし、課題解決していこうとするからだ。それでビジネスは成り立ち、文明が発達してきたのである。

だから、先進国の人たちのほうがネガティブな意味づけが多く、ストレスをたくさん抱えているはずだ。そこで人類が考え出したごきげんな方法がポジティブシンキングである。わたしたちは認知的な教育を徹底的に受けているので、「機嫌がいい」というと、このポジティブシンキングを想起し、ポジティブとリンクして紐づける。しかし、みなさんにお伝えしたいのはポジティブより、むしろ**「自然体」**だ。「揺らがず囚われず」と表現している心の状態である。**心の状態には「機嫌がいい」と「機嫌が悪い」の両者がある。これは心の状態を表現しているだけで、善悪の評価ではないのだ。**

「機嫌がいい」状態を「フロー」と呼称し、「機嫌が悪い」状態を「ノンフロー」と呼んでいる。それは1日を昼と夜に分けるようなものだ。心の状態を分けているにすぎず、評価はない。昼がよくて、夜が悪いということはないはずだ。自然には昼と夜がある。昼は明るく、夜は暗い、そのような区別としての意味づけであって、それ以上の評価の判断基準ではないのだ。昼がよくて、夜がダメではないはずである。

両方存在しているのが自然の摂理で、でも昼にはこんな特徴が、夜にもこんな特徴があると知っておいたほうがいい。ただそれだけなのだ。

したがって、心の状態をポジティブとかネガティブというような表現は望まない。もちろん、「機嫌」がいいとか悪いとかと書籍になると認知的なのでそう表現しているが、主旨は違うということを理解してほしいのだ。感情もポジティブなものとネガティブなものとに分けたが、あえていえば、いいとか悪いもそもそもなく、心の状態を表現するのに分類しているだけだと理解していただきたい。

ここで伝えたい「機嫌がいい」フローな状態は一番近い表現でいえば、「自然体」な感じだ。逆に「機嫌が悪い」ノンフローな状態に一番近い表現はストレスを感じている感じだ。見えない状態を言語化しているので、どうしても曖昧でファジーになってしまうが、そんな感じと理解してほしい。

心の状態「機嫌」が自然体に近づく方向を「機嫌がいい」とか「ごきげん」と表現していて、ストレスを感じている状態を「不機嫌」や「機嫌が悪い」と表現しているのだ。

ポジティブシンキングは自然体ではない

一般にわたしたちがいうポジティブシンキングやプラス思考は、認知行動療法でもいわれるところの外に対する意味づけをポジティブにすることで生み出す心の状態である。とらえ方を変えようというもので、外の事象にかなり接着した状態だ。

昔かなり流行った考え方で、コップに水が半分入っているとき、「半分もある」と考えるのか、「半分しかない」と考えるのかという問いに対して、「半分もある」と考えることがポジティブだと教わったはずだ。プラス思考のすすめとして、「半分もある」というようにポジティブな意味づけをするべきだという教えである。

朝5時が「早い」と感じても、かつての築地や豊洲市場の人は朝3時から起きているのだから5時は「遅いんだ」とポジティブに言い聞かせるやり方だ。これは、自分の意味づけを無理やり変えようとしているので、じつはあまり自然体じゃない。

意味づけをポジティブにして、黒を白と考えようとする、痛くても痛くないと考える、これでやってくる心の状態は自然体の感じではないのだ。むしろ、自分自身の本来の意味づけに嘘をついているので、かえってつらくなってしまうことがある。「半分しかない」と考えているところを、「半分もある」と嘘をついて自身を言い聞かせる、この不自然さがごきげんではないのだ。

ポジティブ呪縛に陥っていて、プラスでいることにしがみついていても、揺らぎと囚われからは解放されないので、自然体な「機嫌がいい」はやってこないのだ。無理にポジティブ至上主義になって、余計にストレスを感じ、結局はノンフローで不機嫌の人も少なくない。

目指すは、水のごとしの自然な感じだ。わたしがイメージしているのは、ある意味、それは認知的に外界のさまざまな事象に振り回されていない状態だ。次章で説明する「自分で自分の心を整える非認知的なライフスキル」を使えるようになると、自分の心は認知的にポジティブにやろうとするのではなく、自身を「内観」し、「inside focus」しながら、ごきげんな感じを生み出せるようになってくる。

わたしは体育会の気合いと根性で育った昭和バリバリのおじさんなので、昔はよく「ポジティブでやれ」と言われて、痛くても痛くないとか、つらくてもつらくないとか、バスケで残り3分切って10点差で負けていても「まだ3分もある。たった10点だ」と言い合いながら自分に言い聞かせていた。しかし、それはかなり囚われている感じなので、じつはごきげんではなかったような気がするが、みなさんはどのように思われるか？ ポジティブな感じと自然体で「機嫌がいい」の違いはイメージしていただけただろうか？

ゾーンやフローとどう違うのか？

「ゾーン」は日常的になじみにくい

「機嫌がいい」をみなさんが心の状態でイメージしやすいのは、ポジティブ以外には「ゾーン」やチクセントミハイ教授の提唱した「フロー」がある。「ゾーン」という言葉は耳にしたことがあるだろう。スポーツの世界ではしばしば使われている心の状態の1つだ。

「ゾーン」は自分の力を100％以上出し切る、究極の集中した状態と定義されている。日本では「無我夢中」というような表現でとらえている状態だ。使い方としては「ゾーンに入る」というように、この心の状態は遠いところにあって、そこに入るというような特別な心の状態として理解されている。「今あの選手はゾーンに入っているぞ」というような使われ方である。どうやったら「ゾーン」に入れるのかは謎だ。目の前の好きなことを今に集中して全力で行っているとやってくるような、究極なメンタル状態だ。

こんなわたしでも学生時代にバスケットボールで1試合40点近く1人で入れたときは、シュートを外す気などいっさいせず、「パスを全部自分に回してくれっ」と思ってプレイしていた。一方、アスリートはゾーンの経験があるがゆえに、ゾーンの状態に入ろうと囚われ、入れないと揺らいでしまっていることが少なくない。「ゾーンは目指すべきものではない」とわたしはアスリートのメンタルトレーニングでも伝えている。

学生時代にスポーツでゾーンの経験のある経営者が、自分の会社の社員たちにゾーンを目指させたり、「ゾーンで働こう！」と掲げたりしている。が、わたしはおすすめしていない。究極を目指す必要があるのか？　ビジネスシーンにおいてゾーンである必要があるのか？　との疑問を持たざるをえない。**ビジネスは毎日が練習だし試合なので、究極で入れるゾーンという概念はまったく向いていない。人生もそうだと思う。**「明日はゾーンで働こう」とか、「明日はゾーンに入って生活しよう」などと思うだろうか？　みなさんはいかがお考えか？

また、わたしが「機嫌がいい」という概念に至った、とても影響を受けたチクセントミハイ教授の「フロー」とも少し違う使い方をしている。チクセントミハイ教授の「フロー」は「ゾーン」にかなり近い状態だ。チクセントミハイ教授が来日した際の講演会に、わたしはサポートしている各社の人事やリーダーなどのビジネスパーソンと参加した。「フロー」な状態はどのような条件がそろえばやってくるのかを解説されていた。毎日の仕事でいつもフローになるのではないと話されていた。

たしかに教授のおっしゃる「フロー」の体験は貴重だし、重要だと思うが、日常への汎用性に少し欠けるように感じていた。わたしのトレーニングを受けているビジネスパーソンたちが「いつでも自分の機嫌は自分でとろう」というわたしの教えのようにはチクセントミハイ教授の「フロー」はいかないのだと理解していた。そう、もっとライトなフローがあってもいいのではないかと。

「機嫌」という言葉は、日本が誇る発明

そこで、わたしが至った概念が「機嫌」だ。「機嫌」はさまざまな程度や種類を包括する日本固有の心の表現方法だ。こんな素晴らしい表現が日本にあったのかと気づかされた。「機

嫌」やそこから派生した「ごきげん」や「不機嫌」という言葉こそ、世界に輸出できる日本の宝物だと思っている。**「GOKIGEN」**だ。どんな日本人でも、「どんなときでも機嫌よくやろう！」とか「今日は機嫌悪いけど、どうした？」と言えば、その状態を瞬時に理解して共有できるのだ。

感情で表現されるあらゆる心の状態を「機嫌」という言葉で表すことができるのは、本当に画期的だ。本書のタイトルとなっている「機嫌がいい」と聞いてもゾーンとは思わないだろうし、「みんなで機嫌がいい状態で働こう」と声をかけてもチクセントミハイ教授のフロー状態まではいかないが、何かいい感じとイメージできるだろう。ビジネス界や日常でも普通に使える心の言葉はほかに思いつかない。

「機嫌」という言葉は、本来は仏教語「譏嫌」と書いていた言葉だ。その意味は「譏《そし》り嫌《きら》う」という意味で、世間の人々が批難し嫌うことを指していたそうだ。その後、意味がいくつかに分かれ、当て字で今の「機嫌」と書かれるようになった。「譏り嫌う」ことに気を配らなければいけないことから、言葉づかいや態度、仕草などに現れた他人の意思や思いを意味するようになった。その後さらに転じて、その人の様子や態度、さらには気分や気持ちなど心の状態を示すようになったといわれている。

「機嫌」という心の状態を「御機嫌」と「不機嫌」というたった1文字の使い方で機嫌の状態を幅広くわかりやすく表現できるようにしたことで、わたしのようなメンタルの仕事をしている人にとってももちろん、すべての現場の人が理解しやすいありがたい言葉となった。「機嫌がいい」は、ほかにどんなイメージがわかりやすいだろうか。最近だと「ハッピー」な感じとか「well-being」な感じでもなんとなくわかる気もする。

「ハッピー」はしかし、少し外界の状況を想起してしまい、心の状態の表現としてはベストではないように感じる。あと「ハッピー」の程度を表現しにくいようにも思う。「ちょっと機嫌がいい」とか「マジで機嫌がいい」は言えるが、「ちょっとハッピー」とか「マジでハッピー」は、わたしだけかもしれないが違和感がある。

「well-being」は「機嫌がいい」のイメージの1つとしてしっくりくるが、「不機嫌」は「bad-being」と表現すると何か違う気もする。やはり、「機嫌」にまさる汎用的な素晴らしい言葉はないのである。

日本語では「平常心」という表現がある。「平常心」は流動自在な心の状態として日本では使われている。「平常心」だと自分らしいとか自然体をイメージできるから間違えではない気もする。「機嫌がいい」の状態に少し近いところもあるが、これもバッチリではない。「平常心」の対義語を考えてみると、「右往左往」とか「激情」だとされているが、どちらも「不機嫌」で包括できる。

ということで、心の状態を表す「機嫌」、そしてその状態を表す「機嫌がいい」と「機嫌が悪い」、つまり、「ごきげん」と「不機嫌」という言葉で本書では統一する。読者のみなさんも、そのように理解し、日常や職場でもそう意識していただければ幸いだ。

なぜ「機嫌」が悪くなるのか？

「やらなければならないこと」ばかりなのは人間の進化の証

わたしたちの脳の機能のメインは認知機能と再三述べてきた。認知機能は言葉を生み出し意味づけをするという説明だ。人間はネガティブな意味づけをする傾向が強く、それによってストレスを感じ不機嫌になりやすい生き物だということだ。

さらに認知機能について深く学んでみよう。そもそも認知脳の一番大事な働きは、生きるうえで行動の「何を」しないといけないのかを考える機能だ。

みなさんの脳はいつも「何を」考えているだろうか？　行動の内容、すなわち「何を」を四六時中、思考してはいないだろうか？　あれをやらなければならない、あれをまだやっていない、things to do やto do リスト、戦略などを考えているはず。わたしもやらないといけないことで毎日毎日、頭の中はいっぱいな気がする。

認知脳は、これを高いレベルで考えるように進化してきたのだ。動物は生きるためにだけ「何を」するのかを考えるが、わたしたち人間は脳機能が優れているので、「生きる」以上のために「何を」するのか考え続けるのだ。

それでは、人間だけがなぜ生きるためではなく、ほかの何かのためにするべきこと、「何を」しないといけないのかを考えているのか？　それは何らかの「結果」を求めているからだ。

人には「結果」を強烈に求める遺伝子があるといっても過言ではない。

たとえば、じゃんけんですら勝とうとしないか？　そのために、チョキを出すのか、グーを出すのか、パーを出すのかを考えるだろう。それが認知脳の仕業なのだ。ゴリラ同士でじゃんけんをしても、勝とうとしないし、何を出すかを悩んだりしないのだ。雨を認知したら、わたしたちは「濡れない」という結果のために「傘をさす」という行動を選択し実行する。認知脳の機能がそれを可能にしているのだ。傘をさすキリンやカバはいないだろう。

なぜ目覚まし時計をかけるのか？　約束に遅れて人に迷惑をかけたくないからではないか。その「結果」のために行動を選択しているのだ。行動の「内容」を決定するために、認知脳がフル回転するのは、何かしらの「結果」を求めているからである。頭の中には「結果」と行動の「内容」が詰まっているのが人間だということだ。

「結果」のために「何を」しないといけないのかを考え決定するために、認知脳は情報がほしい。そこで、外界に情報を探しに行く。**外界の情報には3つある。「環境」と「出来事」と「他人」だ。**この三大外界の情報をあらゆる手段で仕入れては、それを認知し、「結果」のために行動の「内容」を決定しているのが人間だ。

現代は油断すると、すぐ「マインドレス」になる

最近は携帯電話などのデバイスを使って、膨大な情報に認知脳がアクセスしながら、行動を選択している。かなり認知脳のキャパを上回っている状態だ。「結果」は出し続けなければならないし、「何を」すればうまくいくのかも複雑で、一方では、ものすごく大量の情報が四六時中わたしたちを襲ってくる。認知脳の暴走状態である。ビジネスはまさにこの状態だ。油断すると認知脳が暴走してしまうだろう。

しかし、頭の中にある結果、行動、外界は無視できないばかりか、コントロールできない

ものだ。これらが自分の首から上の脳に詰まっているとしたらどうだろう。この状態をわたしは**「マインドレス状態」**と呼んでいる。「マインド」、すなわち「心」が、「レス」、すなわち「なくす状態」という**「自分の心をなくした状態」**が**「マインドレス」**だ。

現代は、油断すると「マインドレス」になる。ビジネスも「マインドレス」だ。わたしの慶應病院時代の働き方もこの状態で、「マインドレス」なストレス満杯状態だったのだ。これらのことを学んでから、当時の自分の正体がわかったのだが。**多くの人が認知が暴走して、マインドレスで、不機嫌となり、仕事や人生を送っているのだ。**

「機嫌がいい」がつくりにくいのが、とくにビジネスシーンである。それは認知脳がフル回転しないといけない状況だからだ。スポーツ界でも日常でも、もちろん練習でも、そして本番の試合になればより結果が求められるので、認知が暴走しやすい。

しかし、それでは、パフォーマンスの質が落ちて、望む結果を手に入れにくいので、アスリートたちは自ら「機嫌がいい」状態をいつどんなところでも導いていけるようメンタルトレーニングを受けているのだ。ビジネスパーソンも同様にメンタルトレーニングを受けて、質を高める必要がある。むしろ、質が下がる多大なリスクに日々追われているからだ。

外界をなんとかマネジメントし、外界にアプローチする認知的な作業を繰り返しても、エンドレスにストレスはやってくる。外界の環境、出来事、他人の情報では飽き足らずに、認知脳はさらに、過去や未来にまで情報を探しに行き、自分の行動の「内容」のレベルを上げたいと思っているのだ。それは、より大きく高い結果を出したいと認知するからである。

この認知機能を「ＰＤＣＡサイクル」という。**過去を反省し、未来の計画を立てて結果を出すためにするべきことを確立しているのが人間だ。**しかし、変えられない過去に頭を突っ込み引きずっていたり、わからない未来に不安を抱えているのも人間だけだ。恐ろしや人間の認知機能の進化と暴走である。その分、人間は心にストレスを抱えて、不機嫌な人や心の病である、うつ病を患う人などがどんどんと増えてしまっているのが現代だ。

さまざまな外界の環境、出来事、他人をなんとか対応、対策、対処して、ストレス状態から脱却しようと考えるのは、ますます認知的な機能をフル活動させることになる。

外界をマネジメントすることよりも、自身のセルフマネジメントにもっと注力しないといけない時代になってきた。外界のマネジメントには限界がきたからだ。**自分のセルフマネジメントが非認知脳の使い方ということになる。**

第３章では、このセルフマネジメントのための「機嫌がいい」を自ら導く脳力として、「非認知脳」の役割などを詳しく述べる。この「非認知脳」を最大限に働かせる自分づくりが、これからの時代はますます必要になってくるだろう。それこそが人的資本の中核となるはずで、すなわち、この脳力になる。認知的に優れていくことを追い求めてきたが、今後それはどんどんとＡＩやデジタル・ロボットなどにとって代わられるかもしれないからだ。**人間固有の能力として、「非認知的思考」の脳力を身につけていく必要があるのだ。**

「偽ごきげん」に要注意！

「ビールを飲んでハッピー！」は「偽ごきげん」

「機嫌がいい」というと、どんなイメージだろうか？

「機嫌がいい」というビジネスパーソンをイメージできるだろうか？

「機嫌がいい」という会社や職場をイメージできるだろうか？

通常、多くの人やビジネスパーソンたちは「機嫌がいい」というのは、やることやらずにビールを飲んでいる感じを想像する。したがって、「機嫌がいい」とか言ってないで、いいからちゃんと仕事をしろ、と言いたくなるイメージだ。この「機嫌がいい」状態は本書で伝えたい「機嫌がいい」ごきげんな状態ではなく、「偽ごきげん」と呼んでいる状態だ。

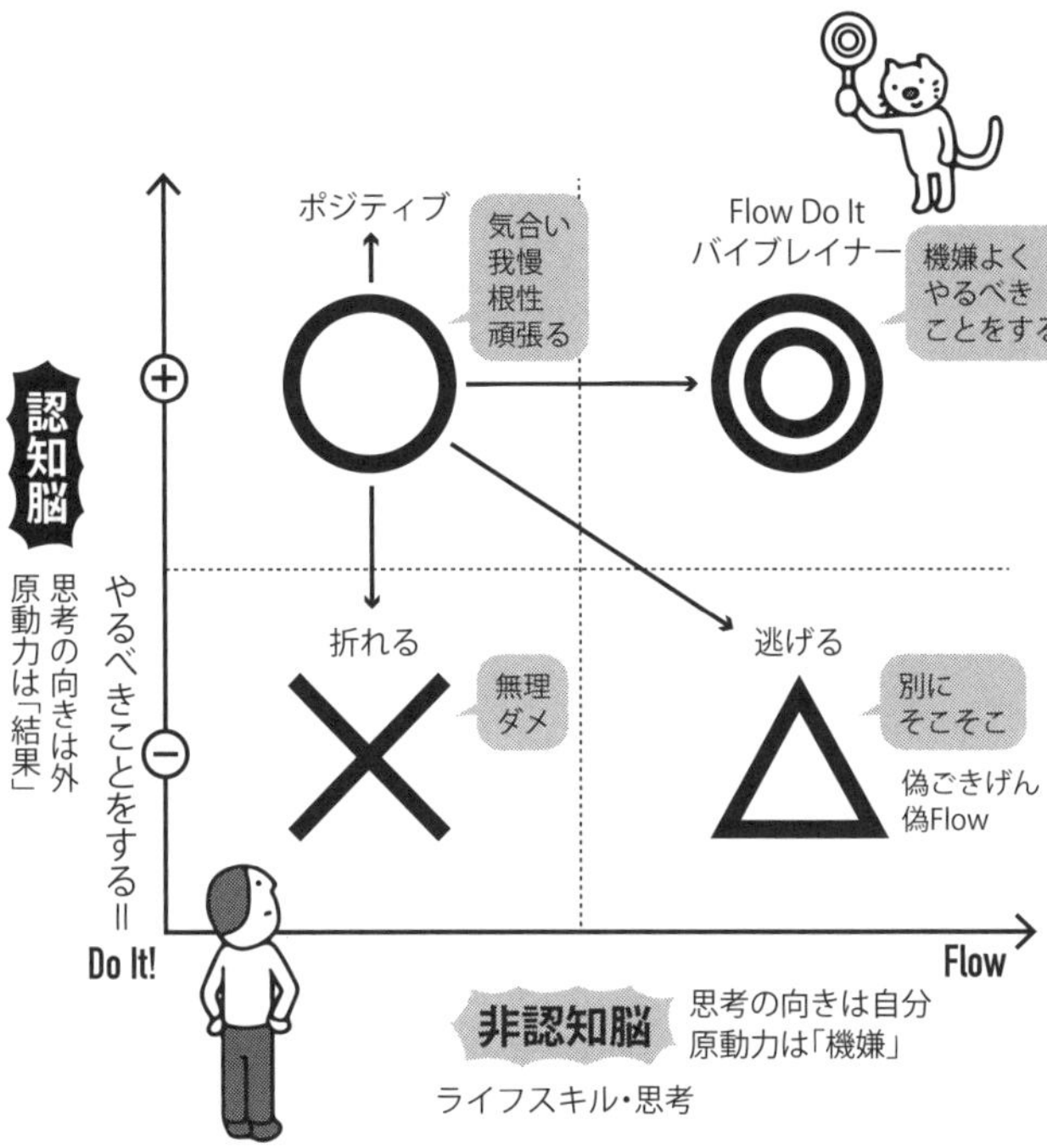

心と脳から見た「あり方」の4象限

※バイブレイナー：認知脳と非認知脳を使いこなす人（P127参照）

前ページの図のように、わたしたちは認知脳の機能をメインに生きているので縦軸を大切にして、生活し仕事をしている。縦軸は、「結果」を原動力にした仕事の仕方や生き方で、プラスかマイナスかで区分される。

すなわち、結果は出しているのかいないのか？　するべきことは正しいのか間違いなのか？　するべきことはやっているのかやっていないかのゼロイチの二者択一の考え方である。とにかく、もっともっとと上に行くことしか考えられない認知の軸だ。

横軸は、「質」とか「心の状態」とか「機嫌」とか「自分を大事にできているのか」といった内側を主に大切にする非認知脳の考え方だ。こちらはゼロイチではないが、わかりやすくするために、全体を4象限に分類してみる。横軸は「機嫌がいい」感じかそうではないか？　自然体かストレスを感じているのか的な分け方になる。

認知的な脳しか使わずにビジネスをしていると左上を求めていくだろう。結果を出すために、頑張って我慢して働いている状態だ。結果は出しているかもしれないが、いつも心の状態はストレスを感じて、不機嫌である。

質が悪いため、量で勝負するしかないから、わたしは1日20時間働いていた。大学の体育会で培った気合いとか根性を最大限に持ち出して、がむしゃらに働いている感じ。わたしの慶應病院の内科医として働いていたころの状態だ。

　こんな状態がずーっと続いたらどうしようと、いつも恐れていた。余裕がないので家族にも優しく振る舞えずにいた。ストレスを発散するために酒を飲み、唯一の楽しみが内科の同期でバスケ好きがいたので、病棟を抜け出し、好きなバスケをしてなんとか心を保っていた。なんとかポジティブにやろうと、プラス思考も無理に試みていた。また、もっと偉くなって結果を出したら楽になると考え、必死な状態で、それこそ完全に認知が暴走している時代だった（図の○の状態）。

　その状態でいると無茶苦茶しんどいし、結果は出し続けないといけないいし、真面目な人ほど心が折れそうになる。折れていくと、「不機嫌の海」で泳ぎ疲れて、溺れはじめる。すなわち、あまり抵抗できなくなってきて、心のエネルギーが枯渇する。「無理」とか「ダメ」の口ぐせが増えて、ますますパフォーマンスの量も質も落ちてくる。パフォーマンスが落ちるから、どんどん「無理」や「ダメ」が増えてくるという悪循環が起こる。泳ぎ切れずに○の状態へ戻れないと本当に沈んでしまい、心の病、うつ病のような状態にもなりかねない（×の状態）。

　一方、認知をするから疲れるのだと早期に気づき、結果やするべきことにコミットしない。

いつも距離を置いて最低限度で生きていく。口癖は「別に」と「そこそこ」だ。逃げて機嫌を保っている。これが「偽ごきげん」の状態である。昨今この状態の人が絶賛増殖中だ。向き合わなくても、携帯電話さえあれば、簡単に楽ちんを手に入れられる時代だ。

われわれ昭和の○の状態で生きてきたおじさんたちは、若いころに彼女に電話をしようとしたら、お父さんが出るかもしれない居間にある黒電話に勇気を出して連絡していた。今は楽なもんだ。会議が嫌だったら携帯電話を見ていれば時間を潰せる。

何かの列に並ぶのもそうだ。携帯電話を持っているかどうかのほうが大事になっている。逃げていても簡単にごきげんになる方法をポケットに手に入れてしまったのだ。この状態は楽ちんを安易に手に入れているので、メンタルトレーニングをして変えるのが難しい。何も困っていないし、自分を変えていく原動力がないからだ（△の状態）。

「機嫌がいい」は非認知脳が機能しているかどうか

わたしのいう**「機嫌がいい」ごきげんな状態とは、認知脳を最大限に働かせ、結果やするべきことにコミットして向き合う。しかし、それではストレスを感じ不機嫌になり、パフォー**

マンスの質が低下するリスクがあるので、それとは別に「心」や「質」や「機嫌」を大事にして、そのための非認知脳を同時に最大限働かせている状態だ。非認知脳が機能していることが、本書でいう「機嫌がいい」ということになる（◎の状態）。

本書は『「機嫌がいい」というのは最強のビジネススキル』というタイトルになっているように、「機嫌がいい」は次の第3章で詳しく述べる非認知脳の思考スキルを働かせているかどうかがカギになるのだ。

今の世の中は×の状態も、△の状態の人も増えている。その原因の1つは、わたしをふくめ◯の状態で昭和をやってきた人たちの存在だ。×の状態の人に、◯の人は「俺なんか若いころは20時間も死ぬ気で働いていたぞ。そんな簡単には折れなかった」と。当時は携帯電話もなく、外界の情報に四六時中追いかけられることはなかったのに、比べてしまい、×の状態の人を追い込んでいるのだ。

また、△の状態の人にも、◯の人は同じように接していく。しかし、◯の人がちっとも幸せそうじゃないし、健康的じゃないし、家族仲も悪そうだから、△の状態の人はそこまでして頑張る必要などないとなっていく。

上司が◯なら、部下には×と△が増えるだろう。×は携帯電話の出現で外界との接着が高く、脳が休めなくなっているし、△は携帯電話によって、いつでもどこでも楽ちんを手に入れて逃げられるようになっている。親が○なら、子どもは×と△になるリスクが高いし、コーチが○なら、選手に×と△が生まれていくのは自明の理といえよう。

人は認知機能が優れた生命体だから、○の状態になりやすい。学校教育も認知的だから○の状態が素晴らしいし、それを目指すべきと暗黙の了解がある。しかし、その社会背景が×や△を増やしていて、組織や社会の脆弱につながっているということも忘れてはならない。

大切なことは、**認知脳を否定するのではなく、プラスアルファで非認知脳を育んでいくことなのだ。**○から◎へと右方移動していくことだ。それが本書で述べる、真の「機嫌がいい」状態だといえる。

○や×がダメだといいたいのではない。△を真っ向から否定したり、逆に偽ごきげんを推奨しているのでもない。ただただ、**人間にとっては非利き脳かもしれないが、非認知脳を自ら働かせて、自分の人生と仕事を充実させていく「あり方」をおすすめしているのだ。**

前にも述べたが、認知的に外界のマネジメントを終始し続けるのではなく、自身を見つめ、自身のセルフマネジメントをこの社会生活の中で行うことのすすめだと考えてほしい。それは終わりなき道かもしれないが、価値があると信じている。

人は「機嫌」のために無駄な投資をしている

認知脳は外界に答えを求める

認知的な思考だけでストレス対策や「機嫌」を扱っていると必ず限界がくる。認知脳の思考でストレスや不機嫌な状態を解消しようとすると、こうなるだろう。

まずは、原動力が「結果」なので、とにかく「結果」が出れば楽になると、「結果」を願い続け、「結果」を出そうと邁進する。

次は、「何を」するのかという行動に依存しているので、さまざまなストレス発散の方法を講じるようになる。心理の世界でいわれるストレスコーピングというのも、このやり方の１つだろう。

たとえば、コーヒーを飲む、抹茶を飲む、散歩する、仮眠する、飴をなめる、音楽を聴く、などは仕事中できることだろうか。もっと行動に依存すると、温泉に行く、神社仏閣巡りをする、海外旅行をする、飲みに行く、ランニングする、映画を観に行く、ライブに行く、推しを追っかける、だれにも会わずにこもる、スポーツを観に行く、爆睡する、美味しいものを食べに行く、などなどだろうか。認知脳の考えそうなことだ。

もしそれができない場合、認知脳は外的な状況、外界に対して、ポジティブな意味づけをすることで、自分を守ろうとする。つらい状況でもつらくないとか、大丈夫じゃないのに大丈夫だとか、やばいのにやばくないとか、嘘をつきながらごまかすことをする。どれも認知的には理にかなったストレス対策だ。

外界に答えを認知脳は求めるので、絶対的な神様や救いなどを人類はつくり出してきた。その1つがさまざまな宗教だ。しかし、救われるはずの宗教で、今でも世界中でトラブルが生じているのもまた事実だ。

認知的にストレス対策をしていると、変えられない、コントロールできないことばかりに注力していかなければならないため、限界を感じるようになる。そこで持ち出す考えは、考えないようにするとか、気にしないようにするとか、忘れようとする、だ。しかし、**考えな**

いようにしているうちは考えているし、「気にしない」と言っているうちは気にしているし、忘れようとしている人は忘れていない。

つまりは、結局のところ、「不機嫌の海」にいながら、ここは海じゃない、自分は泳いでいないとごまかしているだけなのだ。その間にも、たくさんのものを失っていくことになるのだ。

プロゴルファーはどのように心を整えているのか

たくさんの女子プロゴルファーたちのメンタルコーチをさせていただいているが、彼女たちではなく、一般の愛好家ゴルファーたちは次のようなやり方で、ゴルフに臨んでいることだろう。バーディーがきたら、パーがきたら、優しいホールになったら、フェアウェイが広ければと、外界の結果や環境を願っている。ずっとストレスの中にいるから質が悪いままなので、ますますパーはこない。

できる行動に限りがあるので、いつもよりもタバコの本数が増えたり、ハーフでビールを飲みすぎたりする。スコアが悪かったのでストレスが溜まってしまったと、それを発散するために、帰宅後にまた飲みに行かないといけない。ポジティブに考えようとするから、3パットしても3回もパターできてよかったとか、ハーフで50回も打ててよかったじゃないかとか、狭いと思っているフェアウェイを広いと思ったりして、自分に嘘をつきながらゴルフしている。

それでもどうしようもなくなったら、気にしないようにして、考えないようにして、忘れるようにして、結局は気にしている。なんてゴルフ愛好家が少なくないのではないだろうか。

メンタルトレーニングをしているプロゴルファーはそのようなものの考え方はしない。それでは○の状態だし、下手をすると、×や△の状態になりかねないとわかっているからだ。

彼女らは自分の心の状態を整えるのに、認知的な脳の機能のやり方に依存しない。

非認知脳を最大限働かせて、「機嫌がいい」を自らの思考で生み出しているのだ。そのうえで、するべきことをやってパフォーマンスを繰り出している。ゴルフのテクニックがうまいだけでは結果を出し続けることは簡単ではない。人には「機嫌」という心の状態があるからだ。

「ごきげん大地」でプレイをすることを、まずは自ら心がけている。ビジネスもゴルフと同じだ。さまざまな環境の中で、いろいろな人と仕事をして、つどつど、そのときの結果が求められ、評価されていく。

優しいコースのときもあれば、めちゃくちゃ難しいコースでラウンドしているときもあるだろう。心を整えて、そのときそのときのするべきことを考えて実行していくことの連続だ。◎で「ごきげん大地」の上で仕事もラウンドもしたいし、しなくてはいけない。はっきり言って認知脳だけでは限界がある。

非認知脳をフル稼働させて◎で生きる

ちなみに、酒を飲むとごきげんになるのは認知しなくなるからだ。アルコールを使って△の状態をつくり出しているわけだ。一時しのぎの逃げ状態で、「偽ごきげん」といえる。

サウナで心を整えるのも流行っている。強制的に携帯電話を置いて、認知しないようにして、心を整えるきっかけをつくっている。これだけだと、認知的なストレスコーピングと偽ごきげんの合わせ技になる。がしかし、外界との接触をなくし、サウナ内で自分自身に向き合い、自分を内観して、非認知脳を働かせることができれば、その時間は◎に近づけているのかもしれない。茶道や華道に向き合う時間もおそらくそうだろう。◎体験だ。

一方で瞑想や坐禅は認知的作業から離れて、非認知脳をフル稼働させて、自分に向き合う時間だ。認知的暴走族にとっては、とても大事な時間の1つだろう。人類はそれで救われてもきている。が、そのときは仕事や作業にほとんど向き合っていないのも事実で、会社で会議中に坐禅はできないし、大切なプレゼンの最中に瞑想はできない。これらは素晴らしい人類の知恵だし、非認知脳を使える時間だが、日々の生活と仕事現場、ましてスポーツシーンでは実施が難しい。

「非認知的思考の訓練はどこにでも持っていける」という思考を磨くことで、◎の実現度合いがいつでもどこでも高くなるといえる。大事なオリンピック予選のときに使えるのは、自分の中に育んでいた思考しかない。優勝が決まる2メートルのバーディーパットのとき、グリーン上に持っていけるのは自分自身とパターと脳の中にある思考だ。ビジネスシーンでも同じである。

そんなときでも、いかに日ごろからトレーニングしてきた「非認知的思考」を意識して、心を「機嫌がいい」状態に導き、認知的にするべきことは「何か」を考え実行して、はじめて自分にふさわしい結果を手に入れることができる。そんな生き方を多くの人にもできるようになってほしいと本書を執筆するにいたったのである。次章で、詳しく「非認知的思考」とその育み方をお伝えする。じっくり、しっかりと、何回も読んでほしい。

第3章

「機嫌」は自分でコントロールできる

「機嫌」はマネジメントできる

自分の内側に向かう脳機能「ライフスキル」

わたしが推奨し、メンタルトレーニングでお伝えしたいのは、認知的なストレス対策ではないと述べてきた。自分の機嫌を自分でとるには、外界に振り回されずに、自身の「機嫌」に自らごきげんの風を吹かせられないといけない。

そこで、大切なのが「非認知的思考」になる。この思考のことを、応用スポーツ心理学では**「ライフスキル」**と呼んでいる。認知脳のように外側に向けて対応、対策、対処するための脳の機能ではなく、**自身の内側に向かう脳の機能**といえる。つまり、脳の使い方、大きくいえば、思考の向きしだいで、心の状態に変化を生み出していくことができるというわけだ。

どんなに優れた人でも、脳の数パーセントしか働かせていないといわれている。すなわち、使わないでいる脳の機能がまだまだ人にはあるのだ。認知脳だけを使って生きていると、非認知脳を使わずに生きてしまうが、練習すればいくらでもだれでも使えるようになるのだ。

語学の脳に似ている。いつも日本語ばかりを使っていると、脳は日本語脳になっているので、外国語の脳は使いにくいだろう。しかし、何歳になっても、フランスに5年住んでフランス語を使えばしだいにできるようになるのが人間だ。**使わないとできないが、使えばできるということでもある。認知脳と非認知脳の関係もまったく同じである。**

認知脳は五感を通して外との接着が得意な脳の機能なので、非認知脳のように自身にベクトルを向ける思考が苦手だ。外部の情報を入手しやすいが、自身に対しては見られないので、脳と向き合いにくいのが人間の特徴でもある。「機嫌」は自分の中にある状態なので、これに脳を向けてあげられない限り、自身のマネジメントは不可能なのだ。

たとえば、自分らしさを見つめることも苦手だ。自分らしさを外に探しにいったりもする。自分らしさを見つけるために、インドに旅に行ったり、日本一周一人旅に出たりするのが人間だ。

自分らしさは、外に探しに行っても見つかるものではない。自分自身を見つめることでしか、自分らしさなど見つかるはずもないのだ。この**自分に向き合う脳を働かせて自分らしく生きていけることが、認知の世界で生き抜けるカギ**といっても過言ではない。だから、この脳力を「ライフスキル」と呼ぶのだと思う。

人間の「認知の進化」

人類の歴史は「認知の進化」といっても過言ではない。「文明の発達」と同意だ。そのつど、人はそれによるストレスを軽減する対策を講じてきた。認知的な対策ももちろんだが、非認知性を磨いて脳のバランスをとって、心の平和を生み出してきた。

たとえば、ヨガや瞑想や坐禅だ。これらがなぜ誕生したのか、詳細はわからないが、宗教とは違って、人間の知恵として生まれたことなのではないかと推察する。

どれも自分を見つめるきっかけとして、これらの形態を人は生み出し、宗教とは別に、人類の心に向き合うために、人間の仕組みとして内観するきっかけとなっていったのだと思われる。したがって、どれも現代においてすら役立つ方法として確立されている。

しかし、わたしはアスリートや音楽家、そしてビジネスパーソンのクライアントがほとんどなので、それらの方法では、いつでもどこでも現場で心を整えないといけないときに実行できないというデメリットがある。

オリンピックの試合会場で、サントリーホールで、職場で、坐禅や瞑想やヨガは実行しにくい。コートの中でフリースローの前に、試合中のピッチの上で、2アウト満塁でマウンドの上で、優勝が決まる2メートルのパーパットを前にしたグリーンの上でも、できないのだ。タイムアウトをとって審判に、坐禅や瞑想に1分くれ！　と言いたくても言えないだろう。日々、心を整えるために、朝、夜、週末にその習慣は重要だが、現場ではそうはいかないのだ。

そこで、**坐禅や瞑想、ヨガのときに使っているような脳の使い方を汎用的にできるようにするのがメンタルトレーニングだ。**どのような思考をしていれば、どのような思考をすれば、心が少しでも整うほうに向かうのか？　これが「ライフスキル」だ。この思考を磨いていけば、いつでもどこでも、自身の心の状態に変化を生み出すことができるのだ。

思考はどこにでも持っていけるはずだ。**「非認知的思考」を脳にインストールしていれば、それが「機嫌がいい」を自ら生み出す思考のスキルということになる。**

「非認知脳」の芽は成育歴にある

非認知脳の芽は、じつは成育歴にある。語学と一緒で日本語ができあがる前に、文法ではなく、実地の外国語に触れた経験があると、脳の中に記憶されていて、外国語が大人になってからもインストールしやすかったり、発音がよかったりすることは経験的にないだろうか？

「非認知脳」に関しても同様のことがいえる。**子どものころに「機嫌がいい」体験だとか、自分に向き合うことだとか、自分の心の状態や「機嫌」について感じたことだとか、ごきげんなことが大事だとか、を体感していると、それが脳の偏桃体《へんとうたい》や海馬《かいば》というところに記憶されていく。その後に認知的な教育を受けて大人になっても、「非認知脳」の重要性や価値を理論ではなく感覚的にわかっているので、習得するセンスがいいといえるのだ。**その体験は外界の出来事の大きさではなく、自身の中、すなわち心の状態に感じた自覚といえる。

もちろん、語学と同じで大人になってからでも決して遅くなく、だれでもが練習してその脳を使っていけば、その脳機能は育まれるが、成育歴にそのような体感があったほうが望ましいのだ。それはすなわち、周囲の大人たちが◎で生きていないと、子どもたちがその体感を子どものころに感じる機会を失することになりかねないということだ。気をつけたい。

だからこそ、ビジネススキルであるだけでなく、ライフなスキルといえる。大人の責任として、「ライフスキル」を身につけた生き方と働き方を実践していきたいと考える。本書がその一助になることを心から願っている。

「バイブレイン」で生き残る

認知脳と非認知脳を使いこなす両利きの「バイブレイン」

人間の脳の機能として認知脳を否定しているのではない。人間として豊かに生きるためには認知機能は必須だ。その証拠に、残念ながら認知症といわれ、この認知機能が失われてしまえば、それは1つの病気としてとらえられる状態だと考えられている。それくらい、人間にとっては認知機能が生きるうえで大切だということだ。

しかし、認知脳にも苦手なことや欠点やリスクがあるということをちゃんと理解し生きていこうではないかというのが本書の提案だ。心にストレスが生じるというリスクはヘッジしなければならない。**パフォーマンスや生きるうえで「質」を重んじる。そのための脳もちゃ**

んと働かせて使おうではないかということだ。それが「非認知脳」だ。

わたしは大学までバスケットボールをしていたが、バスケをはじめた当初は利き手だけでドリブルをしていた記憶がある。しかし、すぐにそれではプレイの幅が狭く抑えられてしまうことを体験する。非利き手のドリブルを繰り返して、自分のものにしていく努力を、わたし同様にバスケ部の選手なら普通にやっているに違いない。

それは利き手のドリブルを否定したり、やめろということでもないだろう。ごはんを食べるとき、利き手で箸を持って食べているはずだ。別にそれで悪いわけではない。しかし、同時に非利き手で茶碗を持って食べたほうが、美しいし、食べやすいはずだ。

言いたいことは、**どちらかを選択するという発想ではなく、どちらも役割が違うので大切にしていこうということだ。とくに苦手なほう、非利き側の機能を練習して、自身の幅をさまざまに広げてみることがいかに素晴らしく大切なのかという話である。**

日本語と外国語を話せる人を「バイリンガル」と呼ぶ。それと同じように、**認知脳と非認知脳を使いこなすことを「バイブレイン」といい、「バイブレイン」の使い手を「バイブレイナー」という。**2つの脳の機能を使って生きている状態だ。すなわち、目指すは◎な生き方といえる。認知脳を否定するのではなく、非利き脳のため、あまり使ってこなかった「非認知的思考」を新たに身につけ、自分の人生を生きていこうという新しい時代のあり方だ。

もし無人島に1人で取り残されたら？

グローバルの時代になり、英語もできたほうが豊かな人生を歩みやすいだろう。楽天でも何年か前から強制的に英語を使うようにして、英語脳を育む仕組みを社内でつくっていると聞く。そのためには、最初はできなくても意識的に使っていかなければ身につかないだろう。

しかし、人間はこの外国語すら、自分自身に身につけなくてもいいように言語アプリを開発して、その機械を利用したほうが便利だと認知的に解決していこうとしている。そうしたアプリや機械のように、バイリンガルじゃなくても、グローバルの時代にも生きていけるための便利なツールを認知脳はどんどん開発していく。外界にツールを作成し、それで解決しようとするのだ。

がしかし、混沌としたこれからのVUCAの時代にあって、認知脳だけでは決して解決できない自身の内側の問題、「心」や「質」に関しては、外界の便利グッズでは明らかに限界がある。そこで、「バイブレイン」に近づくべく、非認知の脳を練習して身につけていかないといけない時代なのだ。外界に頼らず、自分自身の脳機能の中に「非認知的思考」をインストールして生き残るのだ。イメージしていただけただろうか？

みなさん、無人島に1人で取り残されたときのことをイメージしてほしい。生き残るためには何が必要なのか？　気合いや根性ももちろん大切だ。しかし、それだけで生き残ることができるだろうか？　それだけでは厳しいことが容易に想像される。

絶対的に生き残るために、「何を」しないといけないのかを認知的に考えなくてはならない。それは学校で教わるような、教科書や試験範囲や正解があるものではないが、生き残るための行動の「内容」を考え、そして実行しなければならないだろう。

東大や医学部に入るのとは違うが、認知脳が必要だ。考えることをすべて拒否してしまっては生き残れないだろう。それでは△なあり方に近いので、無人島のようなエッジの状況になったとき、生き残ることは難しい。もちろん、心が折れてしまい、×の状態になって「無理」と「ダメ」が増えれば、それもまた死ぬことを意味する。

わたしたちは文明を発達させて、気合いや根性だったり、もしくは心が折れたり、逃げたりしても生き残れる社会をつくってしまったので、「ライフスキル」の必要性がどんどん低下してしまったのだ。**無人島で生き残ろうと考えたら、心の状態をフローで整えて、するべ**

きことをすることがマストだとすぐにわかるだろう。すなわち、◎じゃないと生き残れないのだ。

現代社会はそうじゃないかもしれないが、じゃあ○や×や△の状態で生きていていいのかとみなさんに問いたい。スポーツは単純な人間活動の1つなので、死ぬことはないが、それができないと負けるので気づきやすい。人生やビジネスでは死ぬこともないし、負けることもないかもしれないが、○や×や△の生き方は1回しかない人生では死んだも同然だ。

かく言うわたしもそんなことに気づかず、勉強もスポーツも仕事もやってきた。先に述べたようなハワイでの死にそうな体験でもなければ、それぞれ十分やってこれてしまったのだ。「ライフスキル」はなくても生き残る文明社会を認知的につくり出したのはいいが、その分、わたしたちは相対的に弱くなり、「ライフスキル」を手放していっているのだ。

ここは無人島ではないが、「ライフスキル」を持たずに認知だけの「モノブレイン（1つの脳だけを使う状態）」でいいのかを自分に問いかけてほしい。まだ自分自身がそう気づくことは難しい状況かもしれないが、自身の心の状態に耳を傾け、自身のためにもだれにもできる「非認知的思考」に投資していただきたい。

「人生の質」という概念を導入して、そのために心を大切にして、認知脳のリスクをヘッジ

するために、「非認知脳」を育んで「バイブレイン」に生きる。新しい時代の生き方として、広がってほしいし、次世代を生きる子どもたちに、わたしたち大人が見本を示していきたいとわたしは考えている。すべては、それぞれの人生の質と未来の子どもたちのために。それがわたしの原動力でもあるし、多くの方と共有したい思いだ。

課題解決の限界

なぜ「機嫌がいい」がビジネススキルなのか

認知脳は外界に依存しているので、心が乱れていると、その原因を分析するように脳が無意識に働く。また、そのような脳の使い方を教育されているために、当たり前のように原因の分析と課題の明確化を脳は行うのが人間だ。

今この瞬間も、みなさんはストレスを抱えている原因やノンフローにさせている課題を頭の中に詰め込んでいないだろうか？　ビジネスの要素が高くなればなるほど、その認知的な脳の使い方が要求されることになる。

スポーツもそうだ。その課題を明確にして、持っている知識や技術を総動員してその課題を解決して、心の平和をつくろうとするのだ。

しかし、その課題解決が起きない限り、心の状態は揺らぎや囚われのままになる。じつは、この考え方だと課題解決率が低くなることを知らなければならないし、心がフローになる可能性も低いという悪循環があるのだ。

ストレス→原因分析、課題の明確化→解決に向けての実行→解決→「機嫌がいい」という流れをわたしたちは認知的に知らず知らずのうちに進めているのだ。ということは、まず、原因分析や課題の明確化をしなければならないので、認知の脳の機能がシャープじゃないといけないことになる。

しかし、ストレスで心が乱れているために、分析力や明確化の質が悪くなる。つまり、シャープじゃないのだ。まだ問題は解決されていないので、当然「不機嫌の海」にいる状態が続き、さらに実行力もレベルが低いということになる。無理やり考えて、無理に行動しているこのような人がビジネス界でも少なくない。これでは順番が逆なのだ。

一方、本書のタイトルになっている『「機嫌がいい」というのは最強のビジネススキル』の意味をよーく考えてほしい。なぜ「機嫌がいい」がビジネススキルなのか？　ビジネス界ではストレスが溜まったら、どう発散するのか？

企業のメンタルヘルスでは、心の状態が悪かったり、不機嫌だったりに対しての対策を中心に講じているのが普通だ。なぜ、「機嫌がいい」はビジネススキルなのか今一度考えてみよう。先述してきたように、心の状態はノンフローに傾いていると、すべての質が低下するという人間の仕組みに従ってビジネスをするべきなのだ。ビジネスはお金や売上や結果の前に、人の営みだからである。

ビジネスパーソンとして、この後に詳しく述べる、**「ライフスキル」を思考し、「機嫌がいい」を自らつくり、「ごきげん大地」にいる責任をいつでもとる。そのうえで、認知的に思考し、実行するのがビジネスなのだ**ということを肝に銘じよう。心の状態をまず先に整えることで、本来のビジネスで必要な認知機能がシャープに働き、いい仕事ができるのだ。

ノンフローの「不機嫌の海」に落ちたら、どうやってフローな「ごきげん大地」に上がるのか？　どうやってフローな「ごきげん大地」に滞在するのかを本書では述べる。「機嫌がいい」でいることに全集中する。**外界の出来事や環境や他人はコントロールできないし、それに少しでも振り回されずにごきげんをキープして生きることを目指そう。**

もちろん、認知脳がある限り、不機嫌に陥ることはあるが、すぐに脱出して「機嫌がいい」状態で「何か」をやる人生だ。

アスリートたちが「ライフスキル」のトレーニングを行うのは、日常の質、練習の質、試合の質を自分で高く維持してアスリート人生を送りたいからにほかならない。もちろん、日常でも、練習でも、試合でも思った通りのことばかりではない。しかし、そのようなさまざまな外界に振り回されるのではなく、どの時間も質の高い時間をすごしたいのだ。

不機嫌の理由を考えて、それに対処するのか？「機嫌がいい」を大事にして、その状態を導くことに注力するのか？　認知脳は前者を選択するようにできているが、後者を選択してほしいと願っている。

人生が劇的に変わる「ＬＦＣＤＩ」サイクル

慣れていないかもしれないが、非認知脳を磨き、「ライフスキル」の思考を習慣化していければ、自身のあり方を劇的に変化させていくことができる。まずは自分からこの思考とサイクルを実践し、家族や企業内でもこのサイクルの仲間を増やしていってほしい。

非認知脳（ライフスキル）↓心を整える↓「機嫌がいい」状態↓認知的にするべきことを考える↓認知的にするべきことを実行する↓結果や成果につなげる↓課題解決になる。

言葉を省略するのが好きな現代に合わせて、このサイクルをあえて名づけてみたいと思う。**「Lifeskill（非認知的思考）」「Flow（機嫌がいい）」「Cognitive（認知脳）」「Do It（するべきことを明確にして実行する）」**ということになる。すなわち、**「ＬＦＣＤＩ」**だ。この流れをビジネスの基本として多くの人に流行らせたい（笑）。ゴロはいまいちかもしれないが、考え方として、少しでもたくさんの人にとってメジャーとなることを願う。

このサイクルを実施できるには、最初に「非認知脳（ライフスキル）」の考えを身につけていかなければならないことは明白である。学校教育は認知脳からはじまる教育なので、この流れがわたしたちは苦手だ。しかし、無人島に生き残ろうとすれば、必然的にこの流れで脳を使用しなければならないので、自然に身につくであろうというのが人間の仕組みだ。

トム・ハンクスが主演した『キャスト・アウェイ』という映画をご存じだろうか？　まさに主人公の男性が無人島に１人たどり着いて、その中で生き残っていく苦労をドラマにしている。無人島に１人暮らすうちに、「ライフスキル」を身につけていく。奇跡的に助けられるのだが、数年後に元いた現代生活に戻ると、当時悩んでいたようなことが陳腐に思えて、ごきげんで対処してしまう物語になっている。「バイブレイナー」になって、自然と「ＬＦＣＤＩ」のサイクルを実施することができたのだ。

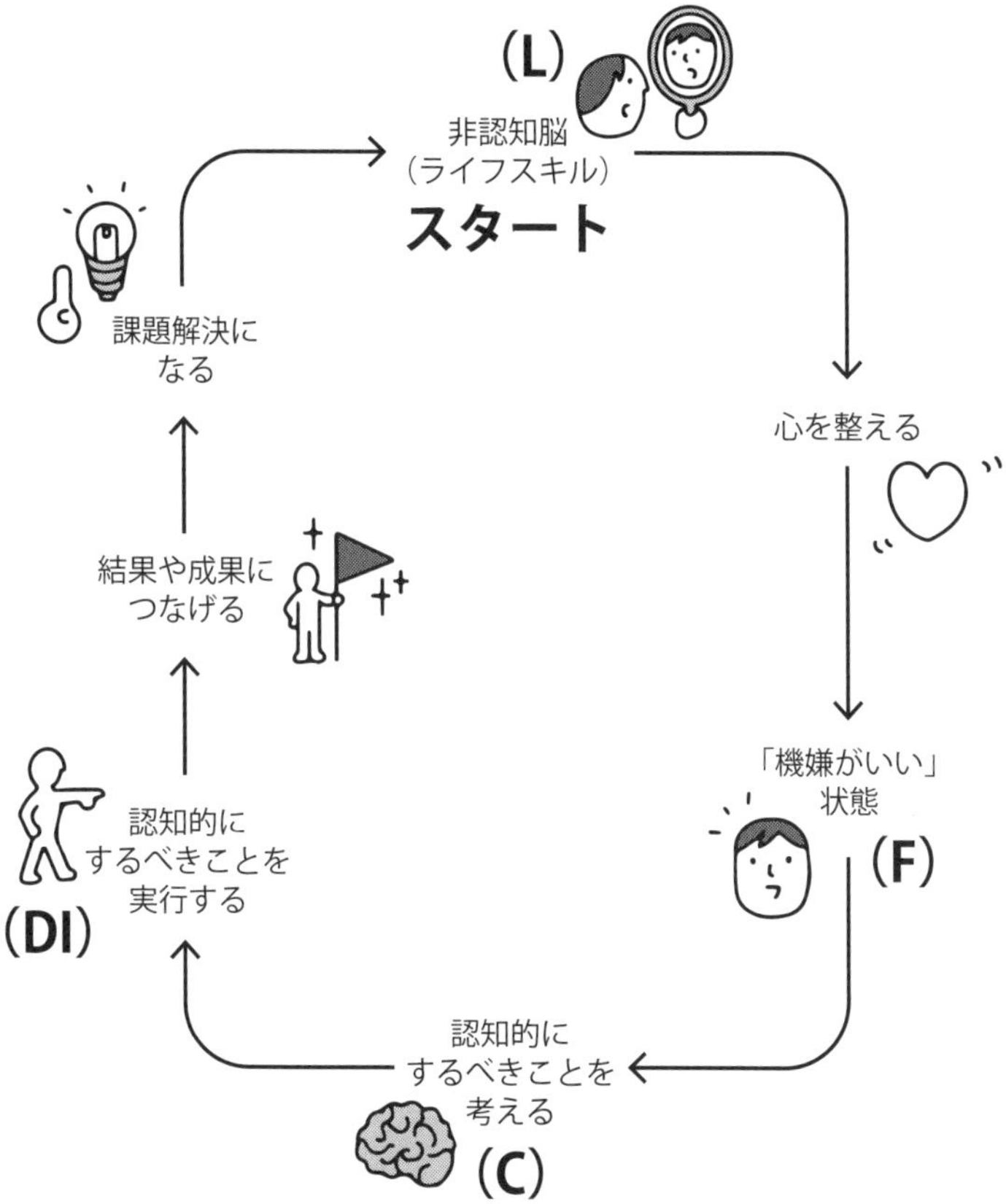

ごきげん(LFCDI)サイクル

本書は、無人島に行かなくても、坐禅、ヨガ、瞑想をしなくても、このサイクルの最初にある「非認知的思考」としての「ライフスキル」をしっかりと働かせ続けられるようになるための指南書である。すなわち、「ライフスキル」の思考とはどんなもので、どのようにすればその思考を脳の中にスキル化できるかをこの後に詳しく述べたい。

「感情」にアクセスする

自分の心をどうやってマネジメントするのか

まず自分自身の心の状態をマネジメントするには、自分の心の状態「機嫌」に気づかないとはじまらない。しかし、認知脳はそれが明らかに苦手だ。外界にベクトルの先が向いているからである。

自身の心をセルフマネジメントするために、心の状態「機嫌」に気づく唯一最大の方法が自分の「感情」にアクセスすることだ。心の状態を知るために大事なものが「感情」なのだ。まずこれが「ライフスキル」の基本となる。

みなさんは日ごろ、どのくらい自分の「感情」に気づき、「感情」の会話をしているだろうか？　ビジネスシーンではいかがだろう。下手をすると、ほとんどないか、あるいは「仕事に感情など持ち込むな」と言われていたり、そう思い込んでいる人も大勢いる。**「感情」に気づけずしてメンタルマネジメントはできないのだ。**

「感情」に気づくだけで「機嫌がいい」になるほど甘くないと思われるだろう。しかし、まず「感情」に気づくだけで、脳の中に内向きのベクトルが生まれる。すなわち、「ライフスキル」が働きはじめるきっかけになるので。頻回に気づけば、いつも「ライフスキル」を働かせられることにも通じるのだ。

じつは、**人はネガティブな感情に気づくだけでネガティブな感情が軽減し、ポジティブな感情に気づくだけでポジティブな感情が増加する仕組みがある。**ネガティブな感情を起こさないようにはできないが、いち早く気づくライフスキルを働かせていれば、いつもフローな心の状態でいられるのだ。

「自分の感情」に気づくための練習

企業では1年に1回のストレスチェックを実施しているが、それでビジネスパーソンの心の病いはちっとも減っていないのが事実だ。日々、「感情」に気づき、「感情」の会話をする組織であることのほうが、心の病いを防ぐのによっぽど効く。しかし、認知的なビジネスの世界では完全に感情は忘れられてしまっている。

「感情」に気づくためには、「どんな感情が人にはあるのか」を、まず考えてリストアップしてみることが大事だ。50個のリスト表を作成してみよう。

さまざまな企業でビジネスパーソンにそのワークをしてもらうと、みなとても苦手だ。たとえば、「どんな感情があるのか?」と尋ねると、「ボーナスをもらったとき」とか、「プロジェクトが成功したとき」と答える人がいる。これは明らかに「感情」ではなく、出来事だ。「感情」を尋ねたにもかかわらず、第一声がこれだ。驚くが、じつは珍しくはない。

「それは出来事で感情ではない」と返すと、今度は「休みがほしい」とか、「仕事を成功させたい」と言う。これも「感情」ではなく、認知的な考えだ。したい行動の内容を述べている。「感情」と「出来事」、「感情」と「考え」を区別して理解できなくなっているのだ。

「どんなものが感情なのか?」と聞かれるので、「楽しい」とか「不安」とか「苦しい」とか「嫌い」とか「イライラだ」と答えると、今度は形容詞を述べればいいと考え、「きれい」とか「美味しい」と言う方がいる。しかし、これらは「感情」ではなく、外部の状況を説明している形容詞だ。「きれい」は景色だ。「きれい」な景色を見てわくわくするのだ。「きれい」な女性に会って「うれしい」が感情だ。わたしの感情は「きれい」とは表現しないはずだ。「美味しい」も食べ物であって、感情ではない。自分の「機嫌」を表す感情を述べることを多くの大人たちが忘れてしまっているのだ。「感情」に気づけずに、どうやってメンタルをマネジメントできるのか。まずはここからはじめて習慣化してほしい。

すると、今度は「自分のことを言えばいい」と、「痛風で右足の親指が痛い」とか、「寝不足で眠い」とか述べられるのだが、これらは心の状態ではなく、明らかに身体の状態だ。

外界の出来事や状態でもなく、自身の思考や考えでもなく、自分の身体の状態でもないのが「感情」、すなわち「心の状態」だ。これに自ら気づけるセンスこそが、「ライフスキル」なのだ。感情のリストができあがったら、**実際に自分の中にどんな感情が生まれているのかをチェックする習慣が重要だ。**今日はどんな出来事があったのかを振り返るだけでなく、**今日はどんな感情が生まれたのかも振り返ろう。**

もっと練習したければ、それを1日3回やってみる。メンタルトレーニングをしているプロゴルファーたちだと、一緒にラウンドを回るとき、1打1打の感情を聴いて言語化する練習をしたりする。ロングの3ホールの第2打には、どんな感情があるのかを問いかける。楽しい、不安、わくわく、心配、など複数の感情が存在していることもある。

自身の感情に気づけるようになると、じつは多くの瞬間に多重感情があることにも気づけるようになるのだ。多くの人は日々の自分の内側に生じている感情を無視して、ただただ外界の出来事に対応して生きているだけになってしまっていることがわかる。

感情のリストを振り返るにあたっては、心の状態「感情」には、**「機嫌がいい」フローと「機嫌」が悪いノンフロー**の2種類しかないという前提にもとづいて感情を分類してみよう。リストの感情を1つひとつ、これはフローの感情なのか、ノンフローの感情なのか、FとNをマークしてみる。ノンフローの感情のほうが言語化されていることにも気づけるはずだ。

感情をいい悪いで評価するのではなく、気づきのマネジメントをするために感情を分類する。「今日はNの感情8つとFの感情4つだったな」とわかるようになれば、なかなかよい。くれぐれも評価しないようにしてほしい。Nの感情があったからダメなのではなく、気づければそれだけでOKなのだ。

個人で気づくだけでなく、感情の会話をだれかとできるようになれば、さらにライフスキルのトレーニングになるので、ぜひ日常に感情の会話ができる仲間を探してほしい。

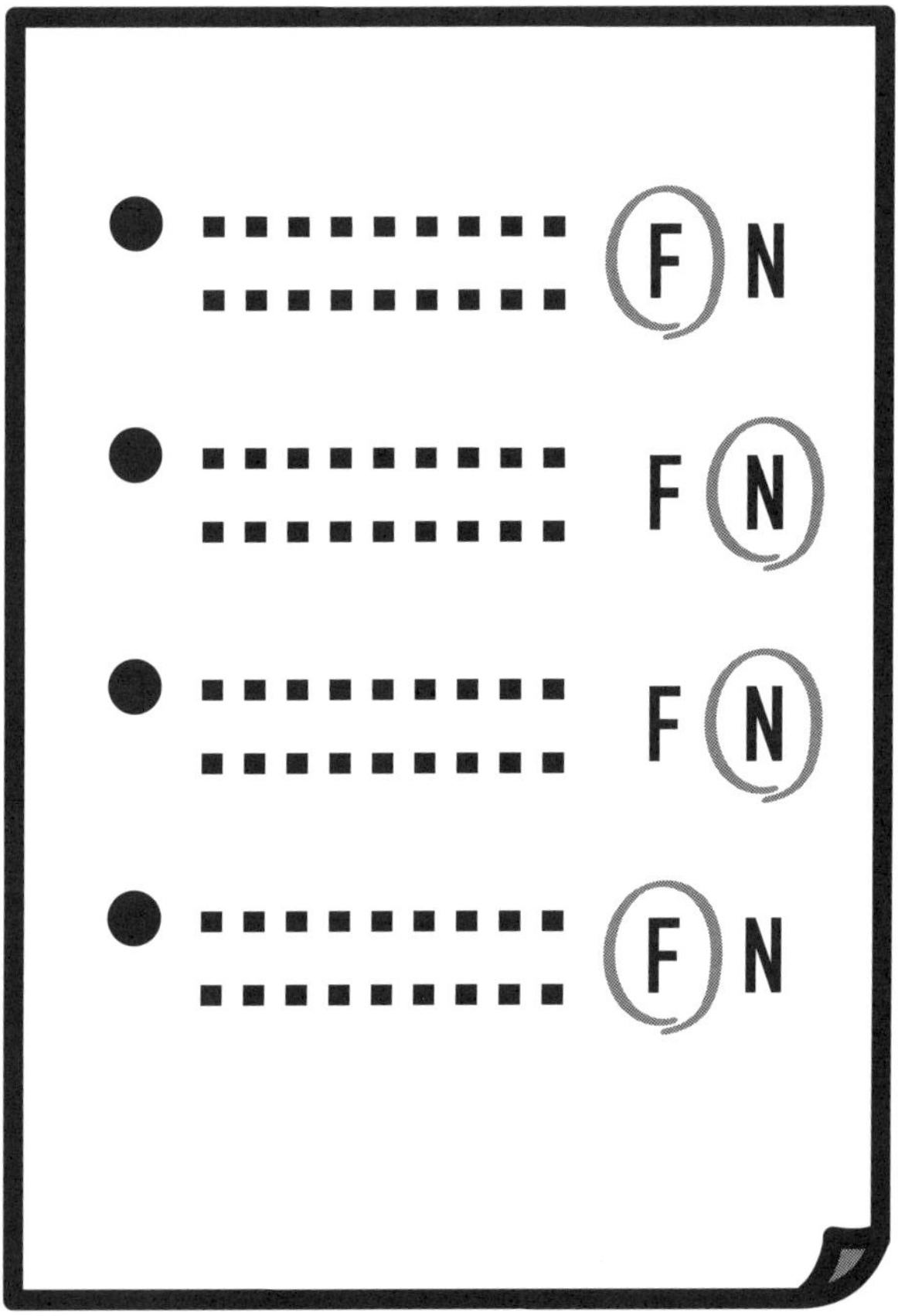

感情のリスト表

認知の脳だけで生きているときと、感情に気づく「ライフスキル」を意識して「バイブレイン」で日々すごしているときではまったく毎日の輝きが違ってくるはずだ。起こる出来事は何も変わらなくても、脳の中に違う機能を働かせられるようになっているだけで、見える景色は変わってくるから不思議である。**首から上の脳にどんな働きがあるのかだけで世界が違ってくるということなのだ。**

「機嫌がいい」の価値化がすべて

人は大事なものほど手放さない

「機嫌がいい」人には、嫌なことがないのではない。**「機嫌がいい」状態をキープするには、「機嫌がいい」という心の状態に価値を重んじているかどうかなのだ。**

人には、価値のあるものが自分のところに残る、残すという特徴がある。携帯電話をなぜ人はなくさないのか。携帯電話を集めているからではない。携帯電話が大事だからだ。なくさないようにいつもチェックしているはずである。駅で知らない人に「携帯ください」と言われても簡単には手放さないのではないか？

大事なものは、どんな理由があっても手元にキープし続けるのだ。1万円と1円はどちらをなくさないようにしているか？　1万円に価値があるので、それだけ大事にしているはずだ。なくさないようにしているだけでなく、なくしても絶対に探し出すはずである。お店のポイントカードとクレジットカードはどちらをなくさないようにしているだろうか？　これもクレジットカードはいつも財布とともに大事にしているだろう。価値のあるものであればあるほど、人は手放さないはずだ。

みなさんの「機嫌がいい」は1円か1万円か？　お店のポイントカードかクレジットカードか？　どちらだろう？　**「機嫌がいい」をビジネスだけでなく、人生の中で最高に大事な価値のあるものにしよう。**

「機嫌がいい」とどうなるかを書き出してみよう

「機嫌がいい」状態では、「不機嫌」な状態に比べて、どうなるのかを自分の経験にもとづいて考え、書き出してみる。「機嫌が悪い」より「機嫌がいい」とどうなるのかをたくさん出してみよう。数が多いほうが、まず価値が高いといえる。日常、仕事、家庭、人間関係、趣味、人間として、男として、女として、「機嫌がいい」とどうなるのかが価値だ。

たとえば、「機嫌がいい」と、人に優しくなる、ご飯が美味しくなる、集中できる、よく眠れる、余裕が持てる、視野が広くなる、などなど、たくさん出してみてほしい。30個は出してほしい。オリンピアンも定期的に30個は書き出す練習をしている。数も1つの価値だ。「不機嫌の理由」を認知脳はいつも考えているが、脳の中で「不機嫌の理由」と「機嫌がいいの価値」のせめぎ合いとなる。価値を磨いていないと、通常は「不機嫌の理由」の圧勝だ。そうならないように価値を磨いていかなければならないのだ。

価値を磨いていくと、数だけでなく、本当に自分の人生やビジネスで大事にしていることと「機嫌がいい」が結びついていると、さらに価値化する。

たとえば、わたしであれば、「機嫌がいい」とアイディアが出る、話が人に伝わりやすい、人が集まる、が重要な価値だ。アイディアが出ない人生など、生きていないといえるくらいつまらないと思っている。仕事もプライベートもすべては創造的でありたいと願っているし、アイディアが出ない人生なんて生きていないくらいに大事にしている。

しかし、不機嫌になっているときは理由のいかんにかかわらず、アイディアが出なくなる。これだけは避けたいので、どんなことがあってもアイディアのために、「機嫌がいい」は手放さないのだ。

また、わたしは話をするのも仕事の1つだが、自分の会社でも、家族でも、「機嫌」が悪くなっているときはどんなにいい話をしても伝わらないと感じている。話をする相手は内容よりも、まず話しているわたしの「機嫌」のほうが気になるということがわかっている。**だから、どんなときも「機嫌がいい」はなくしたくない。**

そして、「機嫌がいい」ほうが人が集まる、と心から思っている。「機嫌」の悪いおじさんを好きな人はいないはずだ。お年寄りも中年の方々も、若い人たちも、そして子どもたちもだ。人が集まらない人生は嫌だ。孤独だけは避けたい。

ということで、わたしの人生に必要なことが、「機嫌がいい」の向こう側にあるので、さまざまな不機嫌の理由はわたしにもあるが、この価値があるので簡単には「機嫌がいい」を失わないようにしているということだ。

「先生はいつも『機嫌がいい』ですが、先生には嫌なことは起こらないのですか?」と言われたことがある。実際には毎日たくさん不機嫌になることは起きているが、「機嫌がいい」に価値があるので、簡単には手放さないだけなのだ。

みなさんも、**人生、日常、仕事の3つの視点でどうしても譲れない「機嫌がいい」の価値を3つくらい書き出してみてほしい。そして、どんなときもその価値と大事さを忘れない練**

習をしてほしい。そのためにはこれもまた、だれかほかの人にその価値を熱く語ってみてほしい。それによって自分の「機嫌がいい」の価値の強化を生み出していくことになるのだ。

価値のあるものを、その人はその人の中に残す。「機嫌がいい」も同じである。その家のお父さんに「機嫌がいい」に価値がなければ、その家には「機嫌がいい」はないはずだ。たとえば、お父さんにアウトドアに価値があれば、その家にはテントがあり、週末にはキャンプに行くだろう。その価値があるからだ。わが家にはテントはない。買えないからではなく、わたしにとってその価値がないからである。

チームの監督やヘッドコーチにとって「機嫌がいい」の価値がなければ、「機嫌がいい」チームにならないだろう。会社でいえば、社長は「機嫌がいい」に価値があるのか？　部長に「機嫌がいい」に価値があるのか？　そうでなければ、その会社やその部署に「機嫌がいい」は残らないのだ。

つまり、**「機嫌がいい」かどうかは、外界に起こる出来事の差ではなく、その人自身の中にある「機嫌がいい」の価値の差なのだ。**自分の中にある「機嫌がいい」に価値があることを常に意識するのが「ライフスキル」だ。すべては自身の中にあるもので自身の「機嫌」をキープし、「ごきげん大地」に自身をキープしてくれるということである。

ＰＤＣＡサイクルがストレスを生み出す

ＰＤＣＡサイクルは過去と未来に振り回される

認知的脳の使い方といえば、「ＰＤＣＡサイクル」だ。「Plan」「Do」「Check」「Action」の頭文字を使った認知的思考の最高峰の１つである。動物の認知機能では、これは人間のレベルでほとんどできない。人間の認知脳は「結果」のために、自身の行動の「何を」を決定しないといけないので、外界の情報が必要だ。

先にも述べたように、外界の情報といえば、環境、出来事、他人だ。これらの情報を認知して、行動しているのだ。ところが、この三大外界の情報では、人間の脳は満足できずに、過去の情報にアクセスして、反省ということをして、行動の内容をさらに高いレベルで決定し実行しようとする。

未来も同じだ。未来に向けて計画を立てて、それにもとづき行動しているのが認知的に優れた人間だ。人間以外に反省会や計画会議をやっている動物はいないだろう。動物は生きるためだけに脳を働かせているので、人間のように高レベルでPDCAを回したりしないのだ。勉強もスポーツもPDCAサイクルを回せないと成り立たないし、認知的なビジネスになれば、よりPDCAをフル回転しなければならないはずだ。わたし自身、医者の仕事をしていたときはもちろん、独立してメンタルトレーニングや講演や執筆の仕事をするときもPDCAサイクルをフル活用している。

一方で、**人間だけが強烈にPDCAをすることで心にストレスを感じてノンフローになっているといっても過言ではない。**「PDCA」といえば聞こえはいいが、別の言い方をすると過去と未来に振り回されているので、この状態は**「タイムワンダリング」**といい、時間迷走の状態だ。

過去を反省できる人間だけが、過去を引きずっている。過去に脳を突っ込むと、過去は変えられないので、人は囚われるのだ。だから、引きずる現象が起こる。

いくら過去を反省しても、実際に行動できるのは「今」という瞬間しかないのだが、認知的に過去に頭を突っ込みっ放しになってしまうのだ。昼なのに「朝さぁ」と言って、まだ「機嫌」の悪い人がいる。夕方まで「朝さぁ」と言っている。もっとひどい人は「昨日さぁ」とまだ引きずって、わたしの前で「機嫌」の悪い人がいる。さらにひどくなると、「このところさぁ」と言って、どのところまでかもわからないものを引きずって「機嫌」の悪い人すらいる。変えられない過去に頭を突っ込むとこうなる。

「今に生きる」と考える

心の状態に「機嫌がいい」のフロー状態を起こすには、ライフスキルで「今に生きる」と自ら意識して、つどリセットしていくしかない。日本人はけっこう「切り替えろ！」と言うくせに、早くごきげんになっていると、反省していないと思われ怒られる傾向がある。反省とは長く落ち込んでノンフローでいることだと定義化されているのではないかとすら思える。反省はするが早く切り替えて、次の今を「機嫌がいい」状態で、反省して明らかにした、するべきことを実行していくべきなのに……。

変えられない過去に頭を突っ込んでいると、さらにこのような感じになる。若くないのに

「若いころは」を持ち出したり、今は別の会社にいるのに「前の会社ではさぁ」となり、「コロナ禍の前はああだったこうだった」と言い、変えられない数秒前のことに頭を突っ込み囚われていて、今を台無しにしている人がいる。自分のライフスキルで**「今に生きる」**とリセットしないと、過去に突っ込み放しで、自身の心の状態が「機嫌がいい」にはなれないのだ。

未来にもわたしたちは脳を突っ込みやすい。計画を立てることで「何を」するのかを決定できるからだが、未来はわからないので、やはり未来に頭を突っ込んでいると、心は乱れるのだ。どんなに計画を立てても、「今」という瞬間にしか実行はできないだろう。しかし、その結果、わからない未来のことばかりを考えてしまうのだ。

試合がはじまる前から「負けたらどうしよう……」、試験を受ける前から「落ちたらどうしよう……」、結婚式のスピーチの前から「うまくいかなかったらどうしよう……」、そもそも「明日どうしよう……」と考えてしまっている人がたくさんいる。未来思考をする認知脳が優れているからだ。

しかし、わからない未来に頭を突っ込むと、心に揺らぎが生じる。不安が起こり、心配し、緊張し、焦ったり、ビビッて、油断して、ときにはそれであきらめたりするのだ。

人間の失敗を生じさせる「心の揺らぎ」は、ほとんどがわからない未来に頭を突っ込む高

等な認知機能があることゆえの現象だ。まだ試合ははじまっていないし、試験も受けていない、ましてや明日すらまだやってきていないのだ。未来の計画を立てて行動するという認知的な習慣が、わからない未来に頭を突っ込ませて、「心の揺らぎ」を生じさせることになるのだ。

認知的に未来に頭を馳せたら、その分、心を「機嫌がいい」状態にするためにライフスキルで「今に生きる」と考えないと、心が乱れたままに行動してしまうことになる。それでは質が悪いので、いいパフォーマンスにつながらないのだ。

「今を生きよう！」と言いがちだが、これだと認知的な匂いがする。「今を生きる」は認知的に今起こっている外界をちゃんと見て、意識してそこに接着して、そのために行動せよ！という感覚だ。極めて認知的ではないか。もちろん、過去と未来に振り回されているよりもずっといいが、非認知的なライフスキル思考ではない。ライフスキル思考はあくまでも自身の心の状態を「機嫌がいい」状態にするためだけの思考で、外界や行動や結果から離れなければならない、自身の心のための思考だ。

だから、ライフスキル思考は「今を生きる！」ではなく、**「今に生きると考える」が正解だ。**本当に今に生きているのかなどは問わないし、そんなことは認知の脳がある限り、不可能に近い。認知脳がフル回転している中で、「ライフスキル」は自身の心を整えるための思考である。そこで、**「今に生きる」とだけ言い聞かせて、認知脳の暴走を沈め、心をフローにする。**ただそれだけの思考だ。頭の中でこれを思考するだけでも、心の整い度合いはまったくといっていいほど違うようになる。

「ライフスキル」でリセットする習慣

車椅子バスケの日本代表のチームドクターとして、昔のことにはなるがシドニーとアテネのパラリンピックに帯同させていただいたことがある。彼らは主に3つの理由で車椅子生活になっている。交通事故による麻痺や切断、骨肉腫《こつにくしゅ》による切断、そして先天性の障害だ。

彼らにふだん会ったときに「機嫌がいいね！」と声をかけると、「骨肉腫が高校時代に発覚して、切断し、その後は肺や脳に転移して、20代は入退院や手術の繰り返しで無茶苦茶『不機嫌の海』で泳いでましたよ」とか「大事な待ち合わせの前に交通事故に遭い、意識不明で入院して、しばらく大切な人にも会えずに不機嫌のど真ん中でした」などなどの話を聴く。が、彼らが「機嫌がいい」状態でわたしたちと変わらず生きているのは、間違いなく「今に生きる」という「ライフスキル」を意識しているからだ。彼らもそう話してくれる。

変えられない過去に囚われて引きずっても、わからない未来に心が揺らいでいても、「機嫌がいい」は自分でしか生み出せない、ということを彼らは体験から身につけている。答えは非認知的思考の「ライフスキル」をどれくらい働かせているかということなのだ。

多くの人は、自分自身のライフスキル思考の1つである「今に生きる」と考えてリセットしていない。その習慣がないからだ。事象や外界の状況でリセットする。休み時間にリセット、会議が終わってリセット、ハーフタイムにリセット、前半が終わってリセットなどなどだ。

多くの人が日曜日にリセットする。もっとひどい人は大晦日《おおみそか》にリセットしているだろう。さあ、来年から気持ちを切り替えて、みたいなことを言ってだ。大晦日はみなさん、あと何回くるのだろうか？　100回もこないだろう。日曜日でも年に52回しかやってこない。それを待ってリセットしていくから囚われるし揺らぐし、「不機嫌の海」の中に泳いでいないといけなくなるのだ。

1日は何秒あるかご存じだろうか？　1日24時間あって、8万6400秒も毎日存在している。人が「今」と感じるのは0・1秒だと何かで読んだことがあるが、だとすれば毎日86万4000回も新しい「今」がやってくるのだ。

自分のライフスキル思考で「今に生きる」と考え、心をリセットして、はじめて認知的にするべきことをするという習慣を持つ。それが真の未来を創造できる◎の人財だといえるだろう。だれでもできるはずだ。「今に生きる」と考えることをせずに、日々すごしてはいないだろうか？　すべては自分しだいだ。

「目標」より「目的」を意識する

自分の内側にあるエネルギー「内発的な動機」

目標を設定し、期限を決めて、そのための戦略やTO DOを明確にして、その達成のために奥歯を噛みしめて、頑張る。そして、達成したら、「素晴らしい」と思い、まわりからも賞賛される。

これが是だと認知的に教わってきた。そして、多くの人がそうしているだろう。何ら間違えていないが、「ごきげん大地」にはいないように思えるがいかがだろうか？

目標を設定し、期限を決めるのはもちろん、「何を」しないといけないのかを明確にするためには重要だ。たしかに、達成もしたい。しかし、目標はいつもどんなときも保証はされていないのだ。出口があるかどうかわからないトンネルに入るということだ。「だからこそ、頑張らないといけない」とわたしたちは考えている。○の状態だ。

しかし、その状況はごきげんではない。達成したとき、トンネルを出られたときだけ「機嫌がいい」がやってくるが、その途中は「不機嫌の海」の中にいるのではないかと想像される。しかしだ、ノンフローな状態で何かするべきことをやっていても、そのパフォーマンスの質は落ちているのではないだろうか？　パフォーマンスの質が悪ければ、当然、目標の達成率は落ちることになる。

では、どうすればいいのか？　自らの意志で、目標を持たない、目標をあきらめるようにする。そもそも、トンネルとかに入らないで楽しいところにしかいない。一見、楽にはなるが、これは△の偽フロー状態だ。何も成すことはできないだろう。

ほとんどの人は、○の状態で気合いや根性、そして頑張ると我慢を総動員して、達成だけを夢みてやり続けるのかもしれない。わたしの慶應病院の時代だ。多くの人がおそらくこれではないだろうか？

なんとか、ときどき、少数の人が目標を達成し、美化されている。あきらめなかったとか、気合いだとか、頑張ってきたというストーリーがアスリートならメディアとかでも取り上げられる。ビジネス界でも、おそらくその例外ではないはずだ。もしくは、トンネルの途中で心が折れて×の状態となり、もう無理だとかダメとなってしまい、結果的にあきらめてしまうことにもなっている。

わたしはここで目標を設定しなくていいとか、目標は達成しなくていいと言っているのではない。**もし、目標を設定するのなら、目標を達成したいのなら、自身の内側にある「目的」という原動力を持ったほうがいいと言いたいのだ。**

なぜ自分はその目標を達成したいのか？　なぜそもそも自分はその目標を設定したのか？　なぜ自分はこのチームの目標にコミットしてここにいるのか？　なぜ自分はみんなでこの目標を達成したいのか？　などなど、目標とは別に自身にアクセスして、その原動力となる「目的」を考えること。これが心の揺らぎや囚われを軽減し、自ら「機嫌がいい」状態を導くことになる「ライフスキル」だ。

「目的」はその人の内側にあるエネルギーであり、原動力だから、だれも邪魔をしない、安定的な不動の炎だ。心理学的には、これを**「内発的な動機」**という。これで動いている人はブレが少ないし、「ごきげん大地」の上にいるので、結局は目標の達成率もじつは高いということになる。

なぜ、あなたはそれをするのか？

わたしたちは子どものころから認知的な世界にいるために、自分に問いかける「目的」を意識していないのだ。外を追いかけ、外に言われた通りに従う認知的な教育である。自分はなぜそれをやるのか？　自分はなぜそれをやらないのか？　それは外にある理由ではダメだ。だれかに言われたからとか、状況がそうさせるからとか、みんながそうだからとか、ルールだからなどの、外的な理由は「目的」ではない。単なる理由にすぎない。

それでも、なぜ自分はやるのか？　やらないのか？　を徹底的にアクセスしていく。この非認知的な自己へのアクセスする習慣がないから、「目的」を考えるのが多くの人は苦手だ。しかし、いつも必ず「目的」を考えて、自分に問いかけて実行しているライフスキルのある人は明らかに質のいいプロセスをすごしているのだ。結局は目標の達成率も高いし、仮に達成できなくても、充実しているし、「目的」に従って、また次の道を進んでいくことができるのだ。「なぜ生きるのか？」の目的を考えるのは、テーマが大きすぎて、いきなりはできないだろう。**まずは毎日の行動の中で、自分に問いかけて、なぜ自分はそれをするんだろう？　と「非認知脳」を働かせることが大切だ。**

なぜ今日も会社に行くのか？　なぜそのタスクをクリアしたいのか？　なぜあのプロジェクトを成功させたいのか？　などをつどつど考える習慣がライフスキルを育むことになる。もっと細かい視点でも練習できる。なぜ今、この電車に乗って会社に向かうのか？　なぜ今パソコンに向かっているのか？　なぜオフィスのゴミを今拾うのか？　などなどだ。

結局、外界の理由や目標で動いているうちは、振り回されている時間と人生になるのだ。自分にアクセスすることで、すべての時間、仕事、人生は、自分のwill、すなわち自分の意志でできているのだと気づいていくことになる。

毎回、「目的」にアクセスしても、答えなど見つからない場合も多々ある。大事なのは、答えではない。「目的」に正解などないからだ。大事なのは、**脳を自分に向けること**。そして、**結局は自分で決めたから実行しているのだということに気づいていけること**が、このライフスキルの醍醐味でもある。

学校でその習慣をつけないので、多くの人は苦手だ。苦手だからといって、この「非認知脳」を働かせていない人生は明らかに質が悪いだろう。読者のみなさんも、ぜひこの脳の習慣を日常でつけていこう。そんなに時間のかかることでも難しいことでもない、答えや正解が見つからなくてもいい。ちょっと思考のベクトルの向きを変えるだけなのだから。

「自己ツール」を駆使する

「機嫌」を表現できるのは「表情」と「態度」と「言葉」

人間は認知的に外界に意味づけをして、振り回されて、「機嫌」が悪くなったり、乱れたり、心を持っていかれたり、揺らぎや囚われが生じる。

すると、人間はその「機嫌」の状態を表現して、人に伝えようとする。表《おもて》に現《あらわ》すことが表現だ。何に表現するかといえば、この3つだ。**「表情」**と**「態度」**と**「言葉」**になる。

嫌なことが起これば、「表情」に出すだろう。がっかりする出来事に遭遇すると、「態度」に出るだろう。朝からいいことがないと、「言葉」に出してそれを伝えようとするのが人間だ。

そうなると、この自己ツールは外界で決定されている表現のための道具だということになってしまう。たしかにそうだし、何も間違えていないが、自分の機嫌を自分でとるという人生は難しそうだ。ただ認知的に外界に反応して、自己ツールに出しているだけの人生になってしまう。

一方で、**自己ツールしだいで、自分の心の状態に変化をもたらせるという人間の仕組みもあるのだ。表情しだい、態度しだい、言葉しだいで、自分の「機嫌」の状態にフローの風を吹かせることができるのだ。**心の状態を大事にしている人は間違いなく、この三大ツールを大事にして、自分の心のために選択している。

言葉でいえば、イチロー選手や大谷翔平選手を思い出す。人間は口に入れる食物で身体ができるように、**耳に入れる言葉で心ができるのだ。**言葉は自身で選択できる自己ツールの1つなのだ。2人の共通点がある。メディアのインタビューにゆっくりと答えている。自分で言葉を自分の心のために選択して使っているからだろう。

メディアのインタビューは、ときにアスリートをノンフローにする。メディアは多くのノンフローな視聴者たちのために、ノンフローなアスリートの映像を入手して放映することで、視聴者を安心させたいのだ。そのメディアにアスリートの彼らは振り回されないために、明らかに自らの言葉を選んで自分の耳に入れているように思える。だから、ゆっくりな返答だけでなく、ときにはとんちんかんな答えをしているときもある。その質問にストレートに答えると自分の心がノンフローに傾くとわかっているので、違う答えを自分の言葉で返しているのだ。

2人とも何年もアメリカに住んで英語はわかるはずだが、インタビューは信頼できる通訳を使っている。それは情報の交換だけなら英語でもいいが、自分の心の状態まで配慮するとなると、英語よりも日本語のほうが明らかに自分にとって言葉の力があるからだ。だから、自分のために日本語を選択しながら、インタビューなどのメディアに対応しているのだとわたしは推察する。

みなさんは自身で自分の耳に入れる言葉を、自分の心の状態のために選択しているだろうか？　朝起きて雨が降っているだけで、「最悪」と言っていないだろうか？　携帯電話が充電されていなかっただけで、冷蔵庫を開けてオレンジジュースの賞味期限が切れているだけで、駅で電車の遅延のアナウンスを聞いただけで、電車がいつもよりも混んでいるだけで、朝の会議が突如中止になっただけで、「最悪」とつぶやいていないだろうか？

そのつぶやきはだれの耳にも入っていない。自分の耳に入って、自分の心の状態にノンフローの風を吹かせるだけだ。もちろん、それは法律違反でも犯罪でもない。だれもが気づけば、外に反応して、そうしてしまうのだ。認知的な脳が強いから、人はそうなるのだ。瞬時に認知して、意味づけして、感情を生み出し、それにより自己ツールに表現するというマシーンのような反応である。

しかし一方で、**人は「言葉」も「表情」も「態度」も自分で選択できるはずなのだ。それが「ライフスキル」から見た自己ツールの使い方である。**そのツールを選択する根拠は自身の心の「機嫌」でしかない。なぜ、その表情、態度、言葉なのか？　そのほうが自身の心に「機嫌がいい」が生じるから。それしかない。

あなたの心にフローな風を生み出す言葉は？

世の中にあまたある言葉の中で、自分の心にフローな風を生み出す、という理由だけで言葉を選んで書き出してみよう。

通常、言葉は他者に反応して、認知的に選択し使っているはずである。「わかりますか？」と聞かれるから、「わかりました」という言葉で答えているのだ。今ここでは「ライフスキル」の練習と思って、**自分の心をごきげんにする、自分の「ごきげん言葉」をたくさん書**

き出してみよう。自分が自分の「機嫌」のためにつぶやきたい言葉だ。名詞、動詞、形容詞、なんでもいい。30個くらい書けるだろうか？

練習していないと、自分の心の反応を理由に言葉を選択することが簡単ではなくなる。だれかに言うわけでもないし、状況に配慮するわけでもないので、一見とんちんかんかもしれないが、みなさんにはメディアはいないので、自由に言葉を選択して自分を「ごきげん大地」の上にキープさせよう。

わたしなら家族の1人ひとりの名前だったり、「スラムダンク」という言葉であったり、「オリンピック」「ハワイ」「ありがとう」「ごきげん」という言葉そのもので、外界に関係なく「機嫌がいい」状態が訪れる。

メンタルトレーニングのサポートをしているアスリートたちも、状況に関係なく「ごきげん大地」をキープするために、練習や日常や試合会場でもつぶやくようにしている。**「言葉」は世界中どこにでも持ち歩けるからだ。**日ごろから「ライフスキル」としての自己ツールを選択していれば、自分に「機嫌がいい」をもたらしてくれるはずだ。

「表情」や「態度」も同じだ。「言葉」ほど選択肢はないかもしれないが、自身の心のために選択する習慣だ。試合に負けたのに、だれかに殴られたのに、大失敗したのに、それを「笑え」と言っているのではない。それは笑えないはずだ。

しかし、次の「今」を「機嫌がいい」状態ですごすために、外界にいい材料がなかったとしても、自己ツールとしての「表情」や「態度」はどんなときも自分が有しているはずだ。笑顔でいたほうが、おだやかな態度でいたほうが、自分の心の状態は「機嫌がいい」ほうに傾くのであれば、自身でその選択をして、ごきげんで前に前進したほうがよくないだろうか？

表情しだい、態度しだいで、自分の心の状態を安定化できるのであれば、「機嫌がいい」をスキルだとわかっている人は、その選択を習慣にしていることだろう。それは認知していないから笑っているのでも、笑ってごまかしているのでも、失敗がうれしいのでも、ニヤニヤしてふざけているのでもない。「機嫌がいい」という大地で、自身が生きるためのスキルを自身のために最大限駆使しているのだ。結局は、そのほうが自身のアンテナが安定していて、いい仕事ができることがわかっているからにほかならない。つまりは、それは成熟であり、大人としての責任ともいえる。

「好き」こそオリジナリティ

「好き」という自由で絶対的なエネルギー

好きなことは何ですか？

「好きなこと」を考えることはありますか？

「好きなこと」を考えるのは心を整えるうえで極めて大切な思考だが、この認知の世界では認められていない。

学校で「わたし、算数、大好き！」と先生に言えば、きっと「そんなこと言っていないで、ちゃんと計算問題やりなさい！」とか、「僕は体育が大好き！」と言えば、「そのわりに走るの遅いなあ！」とか、「わたしは国語、大好き！」と言えば、「漢字の勉強しっかりね！」な

ど と言われかねないのではないか？　そう言った子どもに「そうか！　大好きならそれがいいね。成績も5にしようね！」と先生は言ってくれないはずだ。**「好き」自体が評価されることがないのが認知の世界といえる。**

認知の世界で大事なのは、「好き」よりも「得意」。「得意」を伸ばして、不得意を克服する。これを教育されていくのではないだろうか？　学校に入るころから、偏差値をふくめて、他者との比較で自己価値を得るような認知的社会になる。何も間違えていないが、得意や不得意は比較の中の相対性評価だ。自分らしさはそこにはない。「得意」を伸ばして、大学や将来の仕事を考えていくようになる。

しかし、「得意」をいくら伸ばしても、もっと得意な人はいて、精神的には落ち着けない。すなわち、いつも比べ合っている「不機嫌の海」でもがいている状態だ。安定して「機嫌がいい」「ごきげん大地」にいるのが難しくなる。

「強み」を見つけ、「強み」を伸ばせというのは聞こえがいいが、認知的だ。何か外部の尺度にもとづいて強いか弱いかを決めているからだ。「強み」は自身の中にあるかもしれないが、評価の1つにほかならない。

一方で、**「好き」は比較ではなく、相対性もなく、「好き」は「好き」で絶対的な概念だ。**

評価や尺度から離れたエネルギーだ。だからこそ、「好き」を大事にできることには心の安定感がある。

わたしはさまざまなアスリートのサポートをしていて、スポーツはどれも大好きだ。とくにバスケットボールは大好きだ。だれかと比べることなく好きだ。

たとえば、Jリーガー100人を前にしても、正々堂々と「バスケ好き」だと言える。たとえば、プロゴルファー100人を前にしても、なんの迷いもなく「バスケ好き」だと言える。たとえば、NBAのプレイヤー100人を前にしても、「バスケ好き」だと言える。きっとNBAのプレイヤーたちも「ドクター、ほんとにバスケ好きなんだね。俺たちも大好きだよ」と、英語で返してくれるだろうし、握手もできるはずだ。

しかし、NBAのプレイヤーの前で「バスケ得意です」とは決して言えない。むしろ、「バスケちょっとやったことがあって、全然たいしたことないんですが」と枕言葉をつけて述べざるをえないだろう。認知的な世界では比べ合いなので、「たいしたことないんですが」という枕言葉がいつどこでも必要ではないだろうか？

「好き」は自由で絶対的だから、正々堂々と「好き」と言えるだろう。「好き」はその人そのものだし、比べることのない価値として存在する。わたしは納豆とお好み焼きが好きだが、だれかにそれを話すときに、「たいしたことないんですが」とは決して言わない。**「好きなこと」を考えることは、心を「機嫌がいい」フローにするための大切なライフスキルだ。**

仕事を好きになるとか、好きなことを仕事にする、ということではない。どんな仕事に就いても、仕事は認知的な側面が高いのでノンフローになりやすい。その仕事を好きになるのも簡単ではない。無理に好きになろうとすれば、それはポジティブシンキングに近くなり、かえって苦しくなる。

一方、「好きなこと」を仕事にすると、それは仕事なので、結果が求められ、やりたくないことも多々あり、さまざまな外界に接していかなければならなくなり、「好きなこと」も好きでいられない。

どんな仕事でも、「好きなこと」を考えることはいつでもどこでもできるだろう。だからこそ、「ライフスキル」といえるのだ。「好きなこと」は自身の中にある自分固有の感情であり、その感情に紐づいている事柄だ。**「好き」の感情にまずはアクセスして、自分は何に「好き」の感情が生じるのかに脳を向けるのは、まさに非認知脳の役割なのだ。**

あなたの「好き」をたくさん書き出してみよう

「好きなこと」を書き出してみよう。好きな食べ物は何か？　それを考えるだけで、脳内にα波が生まれ、「機嫌がいい」の状態が自然にやってくる。

好きなものを食べてごきげんになるのはだれでもできる。それは行動なので、認知的なストレスコーピングといってもいい。しかし、好きな食べ物を食べることは、まず時間がかかるので仕事中などいつでもできない。お金もかかる。美味しいものほど高価だったりする。そして、何よりもカロリーがかかる。下手をするとストレスに対処し、ごきげんになるために美味しいものばかりを食べていると体重が増えて肥満のリスクが増してしまう。

好きな食べ物を考えるのは、時間もお金もカロリーもかからない。いつでもどこでも「ごきげん大地」を維持させてくれる思考だ。**「好きなこと」を考えるのは、「ライフスキル」の王様の1つでもある。**

食べ物の中でも好きなものには何があるだろうか？　好きなおかずは？　好きなお菓子は？　好きな果物は？　好きなお寿司のネタは？　好きなお肉は？　好きな野菜は？　好きなラーメンは？　好きなカレーは？　などなどいろいろ思考をめぐらしてみよう。

食べ物以外でも、好きな色は？　好きな音楽は？　好きな場所は？　好きな季節は？　好きな芸能人は？　好きな人は？　好きな旅行先は？　好きなプロ野球のチームは？　好きなアスリートは？　推しは？　定期的に自分で考え、言葉にしておこう。

その言葉が「好きなこと」を考える思考となって、「機嫌がいい」をもたらしてくれるようになるのだ。そして、「好きなこと」をだれかとよく話していれば、このライフスキル思考は、より強化されるはずだ。「好きなこと」について自身にアクセスし、そしてだれかと「好きなこと」について話そう。そんな非認知的には当たり前のことを多くの人ができていない。「好き」はさきほども述べたが、自分自身の中にしかないエネルギーだということを忘れてはならない。アレクサやchatGPTに尋ねても、自分の好きなものや好きなことはすぐには答えられないだろう。**自身で自ら自分にアクセスして、「好き」を探していかないと見つけられないのだ。**

認知的に外界に探しに行ったり、人と比較して得意を伸ばしたりしてしまうと、「ライフスキル」となる非認知脳の働きがシャットダウンされていくことになる。意識的に自分にアクセスして「好きなこと」を書き出したり話したりしていかないと、認知の中で「非認知的思考」の脳はどんどん劣化していくのだ。意識して自分を守っていこう。

「一生懸命」を楽しむ

仕事で「楽しい」のはどんなとき？

わたしたちは認知的に結果を出すことを原動力に生きている。わたしも例外ではない。放っておくと、わたしの認知脳は「結果が出たら楽しい」と考えている。結果を出して楽しもうとするのだ。スポーツに関わっているので、サポートするチームや選手が勝ったら楽しい。そのために、努力しているのはわたしだけではないはずだ。

しかし、結果の楽しいは大きいが、刹那《せつな》的でコントロールできない楽しさだ。勝ってもまたすぐ次がはじまる。うまくいっても、またはじまってしまう。勝ったり、うまくいったりした瞬間しか楽しめないのだ。おまけに必ず勝ったりうまくいったりするとは限らないので、この楽しいにはダブルでリスクがあるのだ。つまり、この楽しさに頼っていると不安定なので、「不機嫌の海」に陥ってしまう。

「楽しい」という感情は「機嫌がいい」ときの大切な感情だ。「楽しい」感情が多ければ、「機嫌がいい」という「ごきげん大地」に滞在していることになる。

みなさんも、**仕事の中で「楽しい」と感じるのはどんなときなのかを書き出してみよう。**20個くらいは思いつくだろうか？　たくさんあればそれだけ、仕事で「機嫌がいい」ということになる。

20個書き出したら、分析してみてほしい。「**結果にもとづく楽しい」は「Result」なのでR、「過程で感じる楽しい」は「Process」なのでP**、20個1つひとつを見て、RとPをマークしてみよう。Rは何個あっただろうか？　Rの比率を計算してみてほしい。

人は認知的に仕事をしているため、さまざまなビジネスパーソンにこのワークを行ってもらうと、ひどい人は１００％がR、一般的にほとんどのビジネスパーソンは80％くらいになる。儲かったとき、ほめられたとき、うまくいったとき、プロジェクトが終わったとき、上場したとき、企画書が上に通ったとき、順調に仕事が進んだとき、予想以上の結果が出たとき、納期に間に合ったとき、事業が拡大したとき、部下の成長を感じたとき、などなどだ。

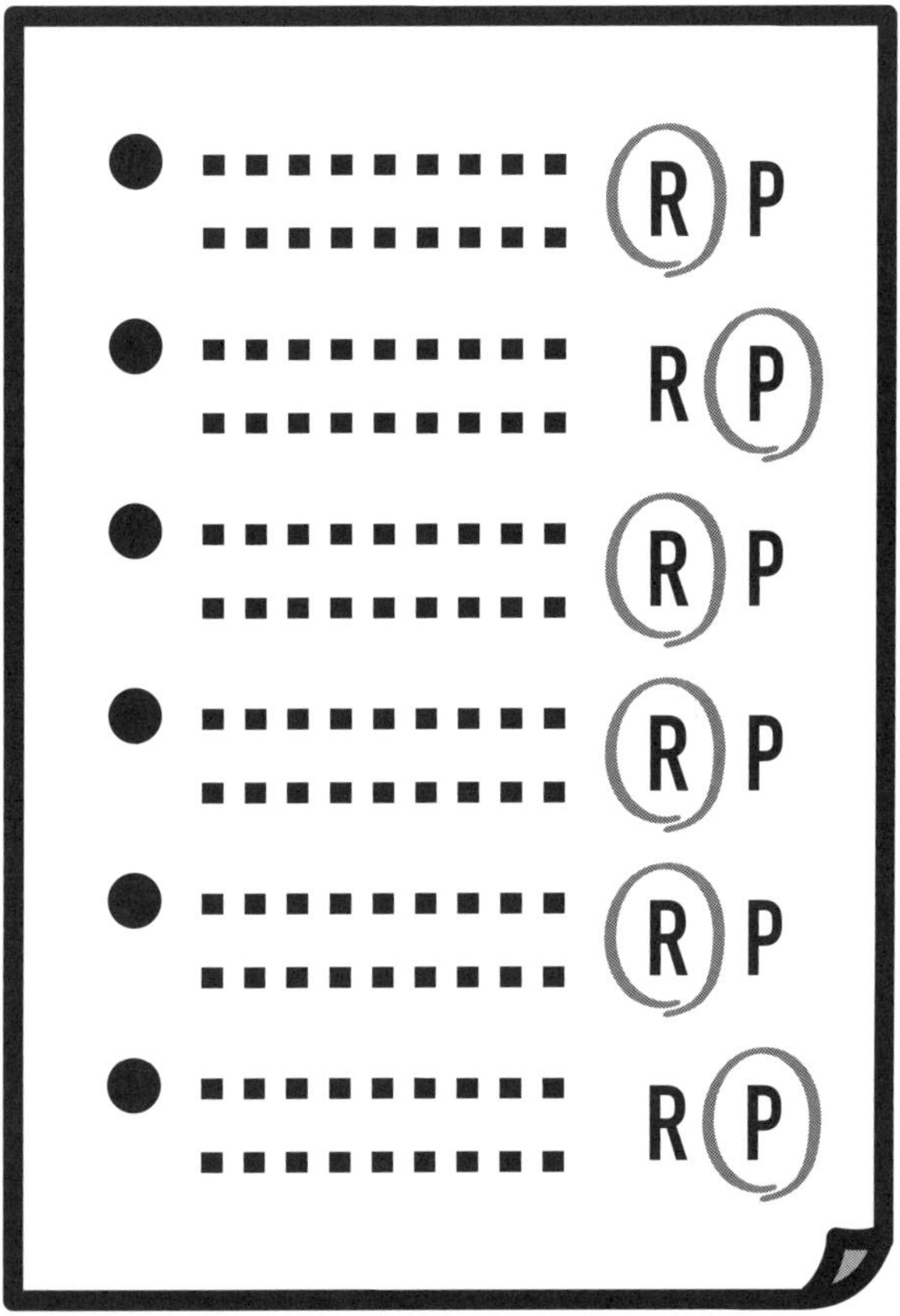

仕事で楽しいときリストと分析①

アスリートに同様のワークを行ってもらうと、Rが90％くらいになることが多い。試合に勝ったとき、シュートが決まったとき、1本を取ったとき、完登したとき、バーディーを取ったとき、チャンスをつかんだとき、1セット取ったとき、PKを止めたとき、などなど、アスリートは結果に伴う楽しさのために日々練習して努力している。がしかし、結果はコントロールできないので、アスリートも気づくと苦しくなって「不機嫌の海」に落ちていく。

自分ひとりでできる「楽しい」ことは？

次は、もう1つ別の視点で楽しいことリストを分析してほしい。**「他者がいないとできない楽しいこと」は「Others」なのでO、「自分ひとりでできる楽しいこと」は「Myself」なのでM**をマーキングしてみよう。Oはいくつあっただろうか？ Oの比率は何％だっただろうか？ 一般に、60％から70％くらいが他者との関係の中で仕事の「楽しい」を感じている。部下が成長したとき、お客さんから感謝されたとき、仲間が元気なとき、職場の仲間とあいさつを交わしたとき、上司にほめられたとき、などなどは他者が必須の楽しさだ。チームスポーツのアスリートほどこの割合が高い。

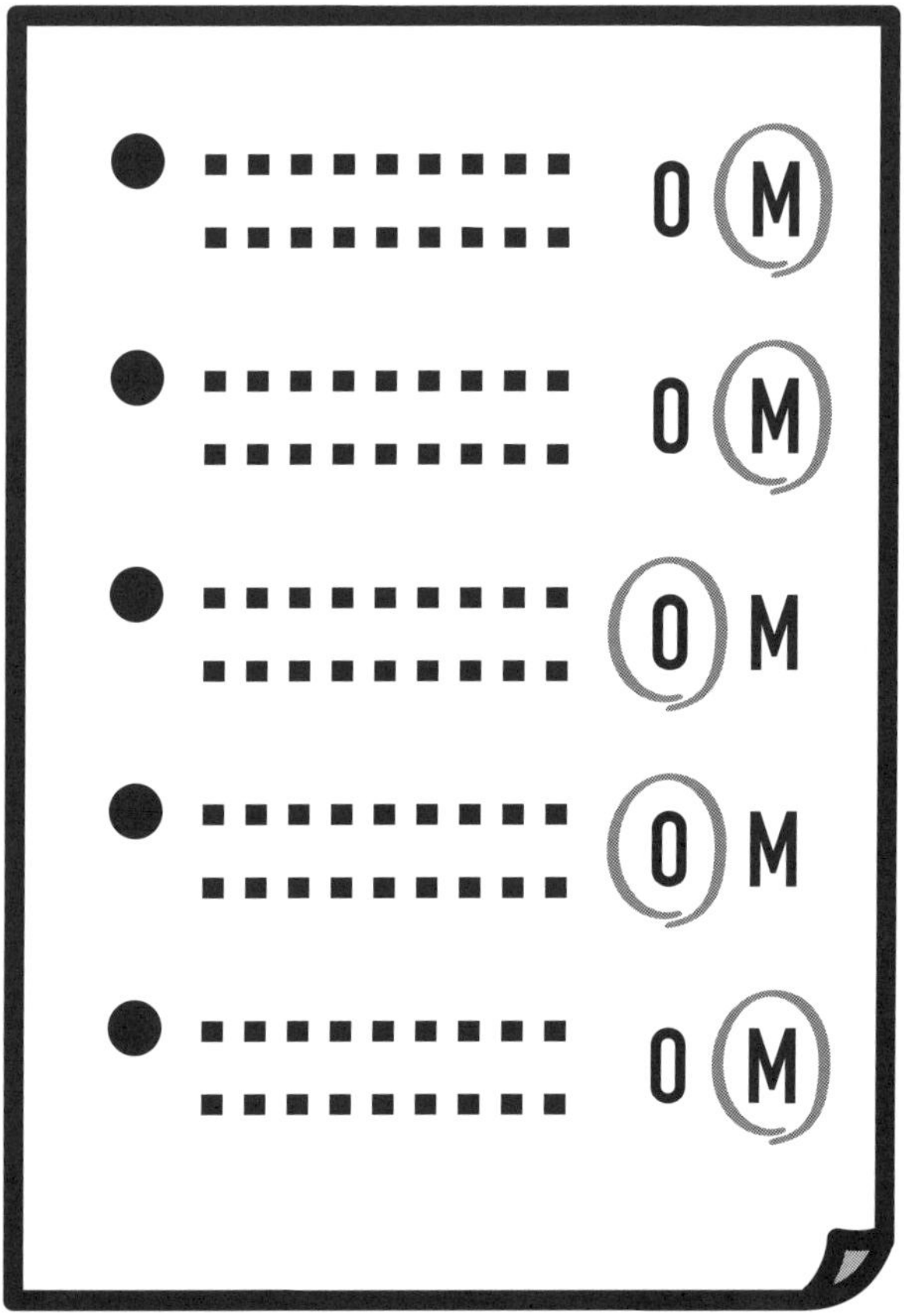

仕事で楽しいときリストと分析②

先日、このワークをしたJリーグのゴールキーパーはOが100%だった。ディフェンスと意思の疎通ができたとき、オフェンスが点を取ってくれたとき、チームの一体感を感じたとき、ディフェンスが頑張っているとき、コーチングの声がピッチのみんなに届いたとき、などなど。人は認知的に他者とのつながりを大事にするために、ビジネスもスポーツもこのようにOの比率が高くなるのだ。

他者との関係で楽しさを感じる一方で、他者はコントロールできない存在でもある。多くの人は、人間関係でストレスを感じていたりもするのだ。結果や他者での楽しいことの比率が多いからダメなのではない。**自身が認知的な思考で楽しさをつくっているのだと気づくことが大事だ。**人間は認知的だから、基本はそうなのだ。しかし、それだけだとリスクがある。

自分ひとりでできて、プロセスが楽しいこと

そこで、**大切なことはM&P、すなわち、プロセスでかつ自分ひとりでできる楽しいが重要だ。**20個のうち、M&Pはいくつあったのか？　なかったかもしれない。もし、あったとすればどんなものだったのか？　それが大事だ。結果や他人に依存しない、いつでも自分で

できる楽しいことだ。行動でそれは認知的かもしれないが、どんなことがあるのか、自分で意識して実行してみよう。これは質の高いストレスコーピングの一種といえる。

さて、行動に頼らないライフスキル思考となるＭ＆Ｐの王様はなんだろうか？　大谷翔平選手は間違いなく、この楽しいで動いていると感じる。それは**一生懸命が楽しいだ！**　何をしているかに関係なく、一生懸命にやっている自分が楽しい！　これこそがＭ＆Ｐの王様だ。

子どものころはこれがある。がしかし、大人になるにしたがって認知的になると、これを忘れてくる。子どもは、ただ一生懸命が楽しいから何ごともやっている。大人になるにしたがって、何かを得るとか、他者にほめられるとか、認知的な楽しみにシフトしていってしまう。

「一生懸命を楽しもう！」と自分に言い聞かせることが「ライフスキル」だ。そもそも、すべての人がその遺伝子を持っているといわれているし、すべての人は、子どものころにはそれができていたからだ。そう言い聞かせるだけで、子どものころの体験にアクセスできる。そう言い聞かせていくと、本来は人間として有している「一生懸命が楽しい」という遺伝子がＯＮになって働きはじめる。

呪文のように「一生懸命は楽しい！」「一生懸命を楽しもう！」と自分に言い聞かせるこ

とが重要だ。大谷翔平選手もホームランを打ったら楽しいだろう、ピッチャーなら三振を取れば楽しいだろう、ファンに喜んでもらえたら楽しいだろう、結婚した奥様が喜んでくれたらなお楽しいだろう、どれも認知的だ。

しかし、これらはコントロールできないことも知っている。そこで、M＆Pの王様である、「一生懸命を楽しむ」という「ライフスキル」を原動力に日常や練習や野球の試合を楽しんでいる。それがPlay Hardの精神だ。「一生懸命を楽しむ」という「ライフスキル」を今一度見直してほしい。

「Doing」より「Being」を大切にする

自分はどうありたいのか

わたしたちは「何を」するのかが、すべての解決策だと考えて行動している。それ自体は何ら誤りではないが、行動にはいつも限界がある。できないこともあるし、「何を」したらいいのかわからないことも少なくないし、やりたくないこともあるのがDoingだ。

このDoingに頼っていると、安定的に「機嫌がいい」を生み出すのが容易じゃなくなる。しかし、認知的なわたしたちはこれに頼りがちになってしまうのだ。そこで、**大切なのは自身の最も奥底にある不変のあり方、Beingにアクセスすることだ。**これが非認知脳の大事な思考といえる。

いつでもどこでも自分はいったいどうありたいのか、Beingを自分に問いかけてみる。多くの人がこの問いに慣れていないので、「〇〇したい」とか、「〇〇になりたい」とか、「〇〇でいたい」などの言葉になりやすい。これらは残念ながら、「あり方」とは違う。どちらかというと認知的で目指す状態を述べている。

「あり方」は、いつでもどこでもが大切だ。1人でご飯を食べていても、大事な会議をしていても、プライベートで家族と旅行していても、クライアント先でプレゼンをしていても、たった1人でお風呂に入っていても、病気で具合が悪くても、死にそうになって棺桶に片足を突っ込んでいても、生きている限りは自分なので、何をしているかに関係なく、「その自分はどうありたいのか」が答えになる。

また、「どんなあり方か」を聞くと、「みんなに応援される自分でありたい」とか、「みんなを喜ばせる自分でありたい」などと発言される方も少なくない。自分のありたい姿を問われていても、他者との関係の望みを発言してしまうのだ。みんなに応援される自分はどんな自分なのか？　みんなを喜ばせる自分はどんな自分なのか？　を考えなければならない。

自分の「あり方」を明確にして、そこにいつでもどこでも戻れることが大切だ。外界や行動に関係なく自分の「あり方」は存在するからだ。自分がある限り、自分の「あり方」は存在するはずだ。実際に、その「あり方」で自分があるのかどうかは問わないのだ。

「いつでもどこでも○○で自分はありたい」という原始的な思いは、だれにも邪魔されないもののはずだ。「好き」や「楽しい」は目的よりもさらに奥にある自分そのものである。もちろん、アレクサやchatGPTに聞いても答えられないだろう。それが「いつでもどこでも自分はどうありたいのか」の「あり方」だからだ。

ちなみに、わたしは「いつでもどこでも自由でありたい」と自由な「あり方」を意識している。それこそがわたし自身だと考えている。実際には、自由でないことがほとんどだ。スケジュールは毎日たくさん詰まっている。家族もいるし勝手な行動もできない。がしかし、いつでもどこでも自由でありたいと思って生きている。それはわたしそのものだからだ。

わたしは、自身のこの「あり方」を大切にしたいと思っているから、心だけは自由だということに興味があるのだ。自由だから自分の機嫌は自分でとれるはずだと。まず、思考は自由だ。ライフスキルは自家発電型の思考だから、いくらでも自由に思考できる。そして、自分の感情や「機嫌」もじつは自由だ。すべて自分でつくり出しているのだということが、わたしの「あり方」に響いている。

最終的には「不機嫌の海」で泳いでいるのか、「ごきげん大地」にいるのかすらも自由だ。

自分で決められるだろう。「ライフスキル」も「機嫌がいい」も自由でありたいわたしにとっては欠かすことのできないものとなっている。「あり方」は内なるエネルギーだから、ライフスキルを思考するのも、機嫌よくいるのも、このエネルギーを利用していることになる。

みなさんの「あり方」、いつでもどこでもどうありたいのか、Beingを探ってみよう。その「あり方」へのエネルギーは、わたしのようなものでなくても、「ライフスキル」や「機嫌がいい」を磨くことにつながるはずだ。たとえば、いつでもどこでもおだやかでありたい、楽しくありたい、ハッピーでありたい、かっこよくありたい、などはよーく考えてみると、「ライフスキル」や「機嫌がいい」に結びついている。

「あり方（Being）」をもとに生きよう。だれもそれを邪魔する人はいない。それは必ず自身の非認知脳を刺激して、「ライフスキル」を磨くことになり、「ごきげん大地」で生きる自分へと導くことにつながっていく。

「脳の使い方」が変われば、人生は変わる

Doing依存の認知脳の世界から、自分の方向へのベクトルとなる非認知脳を磨くようにな

ると見え方が変わってくる。日本語だけで生きていた人が、英語を意識して使うようになると、見えるものとか聞こえるものとか、出会う人が変わってくることはないだろうか？

人はすべて脳で生きている生命体なので、脳の使い方が変われば、人生も変わるはずだ。とくにこれまで使わなかった「内観」と「inside focus」のための非認知脳を使うようになると、劇的に見方が変わってくるのだ。それだけ、わたしたちは限られた脳の使い方と限られた視野で生きているということだ。

あたかも認知的な脳ですべてを支配していると教育されていて、思い込んで生きているのだ。それがすべてだと。もっと人間としての権利として非認知脳を働かせて「バイブレイン」で生きようではないか。Doingだけの生き方から、Beingにもフォーカスした生き方をしてみないか。

難しいことはない。ときどき、自身に問いかけるのだ。**「自分はいつでもどこでもどうありたいのだろうか？」**と。禅寺に行かなくても、どこでもできる脳のベクトルの向きの変え方だ。**答えはないかもしれない自身への問いが非認知脳を働かせるトリガーであり、練習でもある。**日々の生活の中で、非認知脳を働かせることの可能性を多いに体感してほしい。

与えることは「機嫌がいい」の源泉

他者にエネルギーを与えることで、自らの心にエネルギーが増す

認知脳は外界に依存しているので、さまざまなものを外部に求めようとする。ほしいほしい、くれないくれない、もっともっとなどと、外界に要求することで、心をよい状態にしようとするのだ。しかし、「ほしい」と言ってもくれないし、「もっと」と言っても増えない。だから、多くの人はノンフローに陥りやすいのだ。

一方で、人はプレゼントをもらってもごきげんだが、プレゼントをあげてもごきげんになるだろう。もらうよりあげるほうが安定性がある。自分で決められるからだ。しかし、モノやお金やプレゼントをあげたいが限界がある。そこで、**いつでもどこでもできる〝あげる〟**

ということが大切になる。

人は何を〝あげる〟ことができるのか？　それは**エネルギーを与えること。**プレゼントはあげられなくても、相手を喜ばせたいという思いのエネルギーを〝あげる〟ことはできる。モノはあげられなくても、そのような思いを与えようとすることで、自身の気分もよくなるという経験はないだろうか？

人は他者にエネルギーを与えるだけで、自身の心にエネルギーが増すという法則がある。それを「フォワードの法則」と呼んでいる。与えると返ってくるからではなく、**エネルギーを与えるだけでエネルギーが増すという仕組みだ。**

物理で習うエネルギー不変の法則とは違う。それはエネルギーの総和は同じなので、一方のエネルギーが増せば、他方は低下するというものだ。しかし、人間の心のエネルギーはそれが当てはまらない。相手が元気になるように接すると、その分こちらの元気を減らすということはないのだ。

「フォワードの法則」がわかっている人は、他者に依存してもらうことばかりに終始しない。それでは自分の心の状態を安定化できないからだ。**「機嫌がいい」状態を自らもたらして維持するには、この「フォワードの法則」に従ったライフスキルが必要だ。**

「応援」「感謝」「思いやり」という3つのライフスキル

「フォワードの法則」はエネルギーを他者のために与え、自らのエネルギーを増す思考である。すなわち非認知的思考であり、ライフスキルは３つある。

まず**「応援」**だ。「チアマインド」という。「応援」は他者にエネルギーを与える思考だが、「応援」の思考は自身を元気にする。チアリーダーたちは、それを体現している人たちだ。どんな試合の状況でも「応援」し続けることで、自分たちは元気でいる。それがまた選手たちのためになるという好循環だ。

「応援」と似て非なる考えが「期待」だ。「期待」は、勝手な枠組みを他者に当てはめて見返りを求める思考だ。「期待」思考は、与えるエネルギーではない。したがって、「期待」思考は、期待している人も、期待される人もノンフローになる。一方で、「応援」思考は無条件のエネルギーを他者に与えることができる。しかも、「応援」するほうも、されるほうもフローになる。自分のために「応援」思考をしている人が集まるチームや組織も、自然とフローになるだろう。「機嫌がいい」の好循環が自分と他者、個人と組織で生み出されるのだ。

次は**「感謝」**だ。「アプリシエイトマインド」という。認知的にわたしたちは他者への礼儀として感謝を教わる。○○してくれたので、その人に感謝を伝えようと。これはあくまでも相手に対するもので、ここでお伝えしたい「感謝」とは違う。ここでの「感謝」は「フォワードの法則」にもとづき、「感謝」するのは自分の心をごきげんにするというライフスキルだ。自分のために「感謝」している人が集まれば、その組織もまたごきげんになるだろう。「感謝」を忘れると、人は文句が出る。文句は外界にネガティブなエネルギーを振りまくことになるので、文句を言っている人自身がノンフローになる。文句を言っていて、ごきげんになっている人はいないだろう。自分のために非認知的に「感謝」して生きていきたい。「ありがとう」という思いはエネルギーをまわりに与えることになり、結果、自分自身のフローが起こるのだ。それがわかっている人は、自身のためによく「感謝」している。

最後の3つめは**「思いやり」**だ。「リスペクトマインド」という。他者に対して「思いやり」の心を持つのは、これまた自分のためである。

「思いやり」の反対は「蔑《さげす》み」だ。「蔑み」を認知脳は他者に対してする。認知脳は優劣や上下を重んじるので、他者に対して「蔑み」をすることで、自分を上に保とうとする。認知的には優越感を味わって、気分がいいように勘違いする。

蔑んだり、見下したりしているとき、人間の心底の感情はフローではない。そのような人は優劣をいつも気にしているし、自分が劣の状況になったときに弱い。

「思いやり」のリスペクトは、どんな相手も尊重する精神だ。なぜか気持ちいい。自分の「機嫌がいい」を生み出すためにも、「思いやり」のエネルギーをフォワードするのだ。それによって、自分自身の心のエネルギーは増す。「思いやり」は犠牲ではなく、自身の「機嫌がいい」を生み出す思考といえるだろう。

この3つのマインドは、だれでもが意識できるライフスキル思考だ。他者のためではないことが、非認知性を意味する。**自分のために、エネルギーを与える。**「応援」しようと考えて生きているときはフローなはずだ。「感謝」しながら生きているときはごきげんなはずだ。そして、「思いやり」を持とうと意識しているとき、自然と「機嫌はいい」状態なのだ。

認知が強くなると、「応援」より「期待」、「感謝」より「文句」、「思いやり」より「蔑み」を人間の脳は起こしてしまう。そして、それを自己正当化することにエネルギーを使っていくのだ。自身のエネルギーはそがれていくし、もちろん他者のエネルギーも奪ってしまうのだ。

もらう前に与えよう。「Give and Take」の考え方ではない。与えるから返ってくるのではなく、**与えることそのものが自身のためなのだ**。人は認知脳が強烈に発達し、ストレスを生み出し続けるからこそ、この法則を、これもまた動物にはできない脳力として手にしているのだと思う。その法則の恵みを享受せずに、自身で心豊かな人生を歩むことなど到底できないだろう。

人間関係での「機嫌」の保ち方

認知脳によって、人間関係でモメる

わたしたちのほとんどは、人間関係でのストレスで苦しんでいるといっても過言ではない。

人はそれぞれの生い立ちでそれぞれの意味づけを獲得し、それぞれの考え方で性格もできあがっていく。そんな人同士が期待したり、文句を言い合ったり、蔑んだりして、ノンフローな人間関係を構築している。

人間関係でモメて、ケンカして、争いごとを起こして、戦争までしているのが人間だ。認知脳は文明を発達させてきたが、やっかいだ。これまでたくさんの問題を人間は解決してきた。AIやchatGPTまでをも生み出している人間が、人間関係を解決していくツールはいまだに開発していないし、コンビニでは売っていない。

逆にいえば、この認知脳がフル活動しているがゆえの人間関係の問題やストレスだともいえるだろう。何かしらの結果を原動力にした認知から離れて、自身の心の状態「機嫌がいい」を源にした思考を自身のために有することを願う。

そこで、「不機嫌の理由」よりも「ごきげんの価値」をもとにしたライフスキルの発動だ。それを優位に脳機能を働かせている人たちの時代となってほしい。それは認知的思考を完全に手放すのではなく、非認知的思考を働かせて、成熟したあり方を強く意識するのだ。すると、認知的な成功への欲求と、純粋な人間としての成熟を追求していくことで、本来の人間としての「成長」がやってくるはずだと信じている（次ページの図）。

「成長」なき人類は滅びる。すなわち、成功だけを追い求めていてはダメで、成熟への強い思いを持って生きて、はじめて「成長」という直線の上を歩んでいくことができるのだ。

「人間関係の質」を円滑に保つための3つのライフスキル

さて、「人間関係の質」を円滑に保つために、意識するべきライフスキルがある。

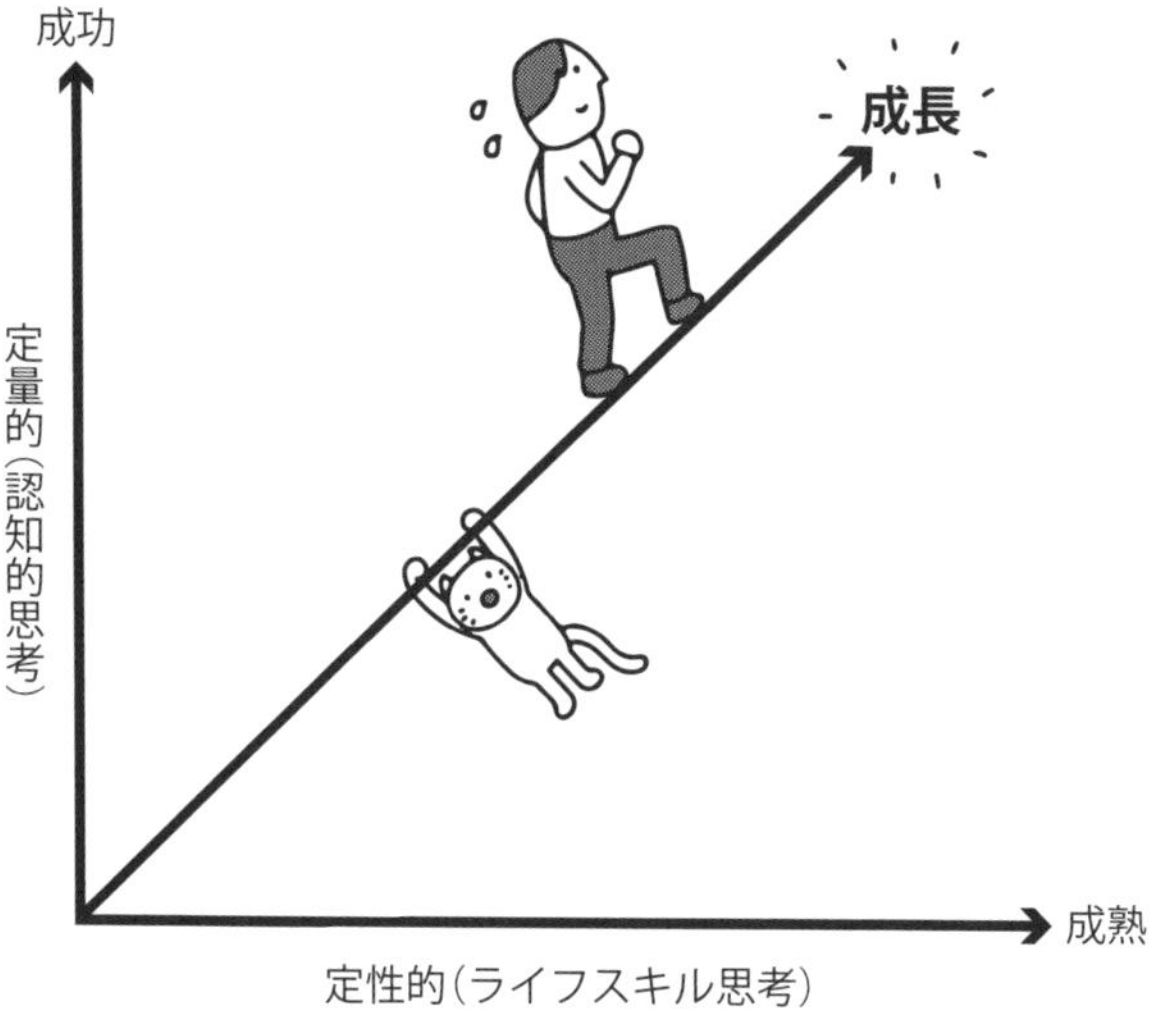

「成功」と「成熟」への意識が
人としての成長を育んでいく

1つめは**「同意より理解」**だ。人は「同じであってほしい」という願望がある。それは近い人に対してほど強く起こる。同意したいのだ。しかし、どんな人も同じではないので、同意できないことが多々ある。

この「同意思考」だけで他者と接していると、同意できないたびにノンフローになる。日本人は同一民族で同じを是として教わるので、この「同意思考」が強いといえる。同意できるか、同意できないのか。「agree」なのか「dis-agree」なのかで人間関係に対応するのは、ゼロかイチをはっきりさせたい認知的思考の特徴だ。

一方で、**どんなことも許容して、理解する思考が「機嫌がいい」には必要だ。**人は、そもそも自らの「感情」と「考え」を理解してほしい。なぜなら、「感情」や「考え」は自由だからだ。認知の世界で行動はいつも制限されているが、「感情」と「考え」だけは自由だから生きていけるのだ。それはどんな人にとっても生きる尊厳でもある。だから、本来どんな「感情」や「考え」も自由に理解されるべきもののはずなのだ。

その「自由」と「尊厳」を重んじる人間の接し方が**「理解思考」**だ。どんなに同意できない反対の「感情」や「考え」でも、まずは理解してあげるという心がけである。理解してもらえれば、人はそこでフローになれる。理解してもらえず、「dis-agree」を強要されるとどちらもノンフローになっていく。日本人は苦手だが、この「理解思考」というライフスキルを「機嫌がいい」人間関係のためにも強く意識してほしい。

次に大事な思考は**「正誤より相違」**だ。わたしたちは認知的に正しいが大事だ。正しいことがもちろん是だし、正しければなんでも許されると認知して、正しさの主張をする。その通りで何も悪いことではないが、人間関係でその「正誤思考」を持って接していくとノンフローが生まれる。

人は法治国家の中で正しさを求められるが、人をすべて正誤で切っていくと互いにストレスが生まれる。ほとんどのノンフローな感情は、この「正誤思考」で生み出されているといってもいい。

たとえば、自分は大事な約束に遅れそうで細い道を急いで歩いているとする。ところが、目の前を高齢の女性たちが話しながらゆっくり歩いていると、なぜか腹が立ってくる。「なぜ、こんなにゆっくり歩いているんだ！　こんなときに！」と。早く歩くのが正しく、ゆっくりが間違えだという思考がむくむくと湧いてくるからだ。

さらに、その前をこれまた超ゆっくり女子高生たちが歩いていると、「なんで、こんなに急いでいるときにゆっくりと歩いているわけ⁉」とノンフローになる。急いでいる自分が正しく、ゆっくりは間違えだと思考しているからだ。

しかし、高齢の女性たちは膝が悪く、ひさしぶりの外出でゆっくりと話しながら歩いているだけなのかもしれない。女子高生たちは試験が終わり解放されて、のんびりとこの時間を楽しんでいるだけなのかもしれない。つまり、正誤ではなく相違なのだ。間違いではなく、相違なのだ。

○×で何ごとも見て判断しているとノンフローになる。それはそうだ、人はすべて○×の正誤だけで解釈できないからだ。△◇の「相違思考」で人間関係を形成しないと間違いなくノンフローな質の悪い人間関係になるだろう。英語でいえば、「wrong思考」より「different思考」ということになる。「相違」のライフスキル思考が人間関係のストレスを軽減し、「ごきげん大地」の滞在時間をアップさせてくれる。すべては自身の思考にかかっているのだ。

最後は**「期待より応援」**の思考だ。「フォワードの法則」でも述べたが、この思考の違いは人間関係においても大きな差を生み出す。他者に対して、人は認知的に無意識に「期待」していく。結果を他者にも求めているからだ。しかし、無意識がゆえに、それを愛だと勘違いもしている。「期待」は愛ではない。枠組みや見返りや結果などがてんこ盛りの認知的思考だ。他人はもちろん、親子でも「お父さんは期待しているぞ!」と育つ子どもと、「お父さんは応援しているぞ！」と育つ子どもではのびのびごきげん度合いに大きな差がある。

職場でもそうだ。よかれと思って期待しているが、期待されているほうはプレッシャーがあり、期待しているほうはその通りいかないことに腹を立てることになる。「期待思考」は、人間関係を確実に悪くしている。「期待思考」よりも**「応援思考」**だ。どんなときも「応援思考」で人と接していれば、人間関係の質は高く維持されるだろう。自分のために「応援」というライフスキル思考を有した人生は「質」が豊かなのだ。

これらの思考を選択する原動力は何か？　結局のところ、それはすべて「機嫌がいい」ということにある。**自身も他人との関係においても、「機嫌がいい」ということに対する高い価値があるかどうかがすべてのカギとなっている。**

心の底から「機嫌がいい」ことに価値を持っているのか？　口先だけで「機嫌がいいほうがいいけど……。難しいよな……」とか「本当は無理！」みたいに思っているのであれば、これらのごきげんのためのライフスキル思考を手に入れることは、それこそ難しいのだ。

「スキル化」するために大切なこと

「スキル化」するための5つのステップ

さまざまなライフスキル思考をご紹介してきた。これらの思考を「スキル化」するには、どうすればいいのかを考えてみよう。**「スキル化」とは再現性と自動化だ。**人生やビジネスで役に立っているのは、スキル化されたものばかりだろう。営業のスキル、語学のスキル、プレゼンのスキル、解析のスキル、クリエイティブのスキル、マネジメントのスキルなどなどだ。

「スキル化」には、繰り返しの練習が必要である。練習せずにスキル化されたものなどない。「知っている」と「できる」は違うのだ。「できる」ようになるには練習が必要だが、たとえばビジネスの世界では単発の講演会の依頼が多い。知識の提供を望むからだ。

一方、スポーツのチームからは1回の講演の依頼はほぼない。繰り返し練習しなければ、役に立つスキルにならないということをよくわかっているからだ。コーチの話を聴いただけでできるアスリートなどいるはずもなく、必ずそれを練習して自分のものにするという習慣がある。ビジネス界でも、この「ライフスキル」に対する考えがそうあってほしいと願う。「ライフスキル」の練習方法を紹介しよう。「ライフスキル」をスキル化するには、205ページの図の階段をのぼり続ける必要がある。脳の中に確実にインストールして、自動的に再現性を持って働くようにしていかなければならないのだ。

まず、ライフスキル思考について知らないレベル0の状態から、**「知る」**という知識のレベル1の状態になることだ。それには講演会や書籍が役に立つだろう。

この知った知識を、知識で終わらせずに**「意識する」**ことがレベル2だ。気づいたり考えたりする意識の実践だ。

認知的思考で生きてきた中で、非認知的な「ライフスキル」を意識すると、心の状態に変化が生まれる。「機嫌」に変化が生まれ、フローな感情が増えたり、ノンフローな感情が軽減するという心の感じ方の変化である。その体感を**「感じる」**のがレベル3だ。これが「ライフスキル」の最大のご褒美だ。外界を変えたり、行動をせずにライフスキル思考を意識するだけで、自分の内側の心に変化を生み出せるのだから。

この体感を、次は**「人に話し、対話やシェアする」**ことで、脳の中にシナプスが形成されスキル化していくのだ。これがレベル4だ。

これらのレベルをそれぞれの思考で**繰り返していれば**、その思考はレベル5といえる。すなわち、**無知↓知識↓意識↓体感↓対話↓繰り返し↓スキル化**だ。簡単にいえば、**知らない↓知る↓考える・気づく↓感じる↓話す↓繰り返す↓できる**、ということになる。

ライフスキル思考を身につけるには「仕組み」「仲間」「エネルギー」が必要

この階段をのぼり続けることで非認知脳を刺激してライフスキル思考を身につけるには、次の3つが必要である。**「仕組み」**と**「仲間」**と**「エネルギー」**だ。

階段（ステップ）をのぼるには「仕組み」が必要だ。「部活」という仕組みや「ＯＪＴ」という仕組みがあるから、必要なスキルをスキル化できる。まず、人は忘れる生き物だから、本書で得た知識を忘れないようにする「仕組み」が大事だ。

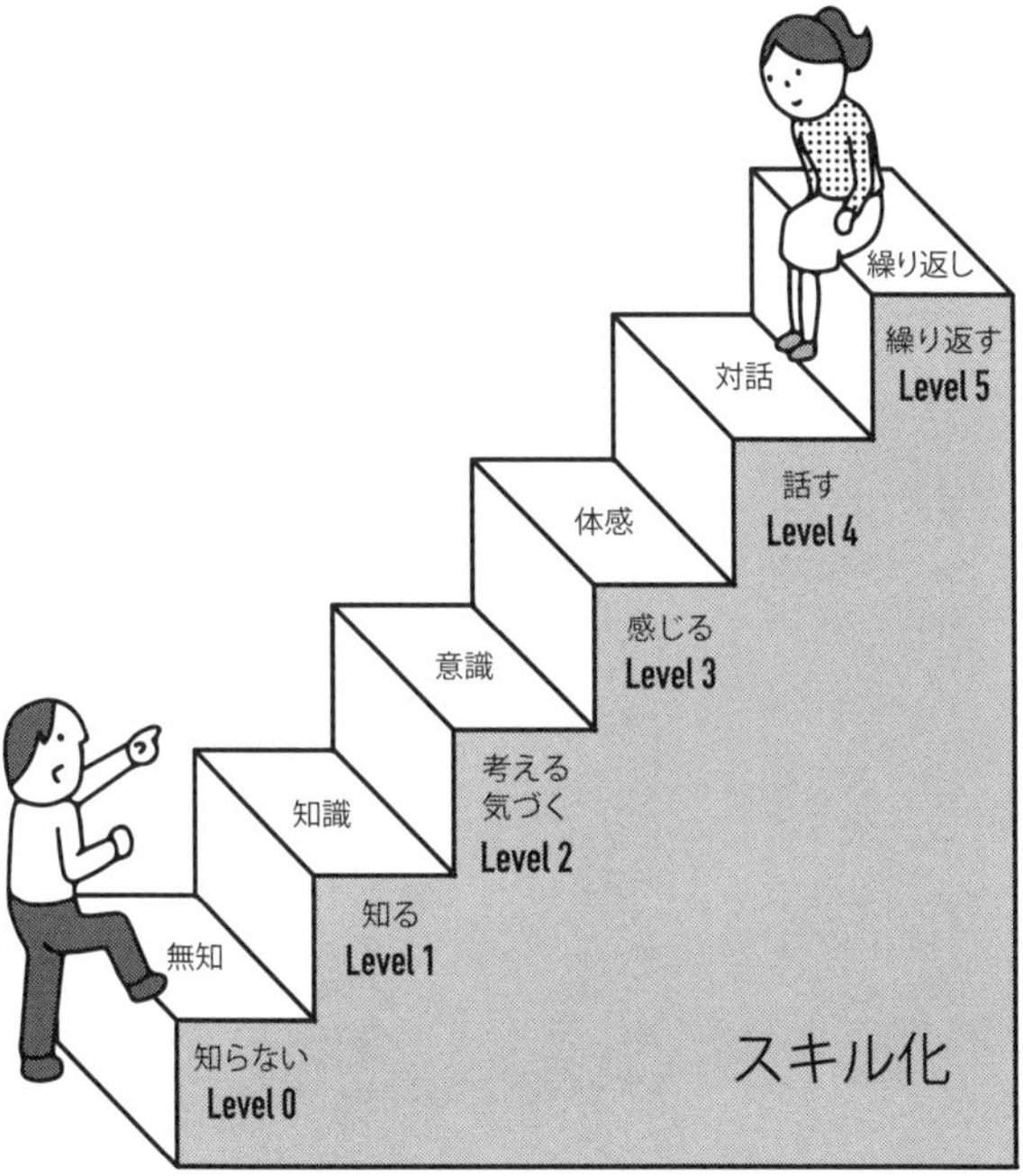

ライフスキルのスキル化のためのトレーニングは
このステップをのぼり続けていくこと

一夜漬けの勉強ではなく、九九を覚えたようにしなければならないのだ。必ず、朝の通勤で本書を読み返すとか、毎日お風呂で覚えたことを復唱するとか、寝る前に歯を磨くときに読んだライフスキルを唱えてみる、などなどを工夫して「仕組み化」しよう。

しかし、これはまだレベル1の「知る仕組み」にすぎない。今度は覚えたことを考えたり気づいたりする「意識の仕組み」だ。「ライフスキル」は外界からの刺激による思考ではなく、自家発電のような思考なので、自分で意識するような「仕組み」を持っていないと意識しなくなる。たとえば、月曜はこの「ライフスキル」を意識してみるとか、曜日ごとに決めてさまざまな「ライフスキル」を自ら意識させるのだ。それは1時間ずつでもいい。こうして、知識を意識していくと「機嫌がいい」体感が少しずつやってくる。心の中の変化にすぎないが、これが重要だ。

次は、その体感をだれかと「話す仕組み」が重要になる。ここで2つ目の「仲間」は必須だ。このようなライフスキル思考と体感を話せる仲間はいるのか？　いるとしたら、それはだれか？　非認知的思考を対話できるコミュニティがこれからは必須である。社内にあればベストだが、なければ社内のだれかを探そう。いなければ、友人や家族で、この話を安心してできる仲間を探して、「シェアする仕組み」も決めてつくっておこう。

「だれもいないので、どうしたらいいのか？」という相談を受けることもあるが、どうしてもいなければ、日記や自分との対話ノートでもいいだろう。この階段をのぼり続ける「仕組み」がなければ、レベル5の「繰り返し」を実現できないのだ。

認知的だが非認知脳力をスキル化するには、この「仕組みづくり」が大切だ。このような「仕組みづくり」はビジネスパーソンの方々ほど得意なのではないかと推察する。ぜひ認知的に考えてみてほしい。

最後に、最も大切なことは階段をのぼる「エネルギー」だ。「仕組み」と「仲間」と「エネルギー」がなければ、この階段から転げ落ちて、結局はレベル0に戻ってしまう。認知脳だけのこれまでの人生に戻るだけだ。それで何も問題ないかもしれないが、もし「ライフスキル」を身につけたければ、この階段をのぼらなければならない。

そもそも繰り返し述べてきたが、このスキルはすべて「機嫌がいい」のためである。したがって、**本当に「機嫌がいい」という心の状態に価値を持ち、心からそれを望んでいなければ、この階段は到底のぼれないのだ。**その競技を本当にうまくなって、活躍したり、オリンピックに出たいと思えないと、練習できないのと同じだ。

今一度、「機嫌がいい」ことへの自身の価値を確認してほしい。そして、「機嫌がいい」ことにコミットしていたとしても、それを「ライフスキル」で叶えたいのかどうかが重要である。どんなにオリンピックに出たかったとしても、それをサッカーでやるのかバスケットボールでやるのかによって入る部活が違うように、「ライフスキル」であることの価値も感じなければ、あの階段はのぼれないのだ。

ごきげんになる方法は、ほかにもあるだろう。サウナでも、カラオケでも、温泉でも、推しでも、何でもありだ。なぜ、「ライフスキル」を身につけたいのか？　なぜ「ライフスキル」でなければならないのか？　サウナを極めて、サウナ道なるものを確立して、歩み続けている方もいるだろう。

「ライフスキル」を磨いて、ごきげん道を自分は選択できるのか？　そのごきげん道を本気で歩み続けるエネルギーがあるのか？　そのきっかけと伴走の力に本書がなることを願っている。

第4章

「機嫌がいい」をビジネスに活かす

人的資本には「機嫌がいい」が不可欠

求められるのは「自分で自分の機嫌をとれる能力」

ビジネス界では近年、「人的資本」という言葉がよく使われている。みなさんはどのようにそれをとらえているだろうか？　これまで、資本は定量化できる資産、株やお金や不動産などを意味していた。「人的資本」とは、人固有のその会社や企業にとっての資本として、価値のあることだと考えられる。

人固有の価値とはなんだろう？　ＡＩやデジタルが発展してきて、これまでのような認知的な頭のよさは価値として資本にはなりにくい。一時期のように体育会の人財が身体が丈夫で使い勝手がいいという虚構も、これまたデジタルやロボットに追いやられていくだろう。

どのような人財が今後、生き残っていくのか？　それは無人島と同じだ。すなわち、みなさんとの共通言語で申し上げれば、◎の人財である。どんなときも自身の心をまずは整えて、「機嫌がいい」状態でいられる能力、すなわち、「ライフスキル」を働かせて、「質」を重んじている人ということになる。**自身で自分の「機嫌」をとれる能力を有し、「ごきげん大地」で仕事も人生も生きている人財**といえるだろう。

もちろん、それだけでも価値はあるが、それだけで終わりではない。フロー状態を自身で維持しているので、人間の先天的あるいは後天的なそれぞれのさまざまなスキルがそれによって質高く機能しているのだ。本書でもこれまでに述べてきているが、認知的な頭のよさそのものではなく、その機能を最大・最適に働かせる状態を安定的に生み出せるということだ。

携帯電話でいえば、たくさんのアプリがインストールされているのが頭のよさだ。**「機嫌がいい」は電池のフル充電やアンテナの４本立っている状態である。**大前提として、それがなければどんなアプリも機能しないのだ。

さらに、非認知的なライフスキルは、そのフル充電やアンテナ４本を安定的に自分の力で保持する能力といえる。アプリの数や内容は人それぞれだが、この能力があれば、安心のはずだ。ビジネスのどんな場面でも、また人生の場面でも頼りになる携帯電話ということになる。いつも電池が減っても自家発電でフル充電し、いつも圏外になってもすぐにアンテナ4本立てられる携帯電話だ。いつでもどこでも安定して新しいアプリのインストールができるし、すでに入っているどのアプリの機能もアウトプットできるだろう。

人財でも同様のことがいえる。そのような人財は組織にとって間違いなく資本なのだ。学歴や体力や人脈や健康を人的資本と考えてきたかもしれないが、**これからの人的資本は「ライフスキル」と「機嫌がいい」にほかならないのである。**

「FLAP人材」と「LAPER」

三菱総合研究所が、これからのビジネスシーンにおける人材のあり方を「FLAP人材」と呼称して推奨している。これからの時代に羽ばたいていけるニーズのある人財だ。「FLAP」のFは**「Find」**のFである。自分を見つめ、自分の中にある「Learn」の芽を探す能力だ。

わたしは、このFこそ、非認知能力だと考えている。自分自身への気づきだ。自分の感情、好き、ごきげんの価値、意味づけ、そしてあり方などにアクセスできる力といっていい。これにもとづいて**「Learn」**のLがあるべきだ。そして、「Learn」したことで「何を」するべきなのかを学び考える。

そして、Lの知識だけに終わらせるのでなく、「Action」する。すなわち、実行や行動の**「Action」**になるAだ。そのことにより、はじめて**「Performance」**となり活躍することができ、成果や結果につながっているという考えである。この三菱総研が提唱されている「FLAP」の考えが大好きだ。

ところが、今のビジネス界はFがなく、Lからはじめて仕事をしている「LAP人材」が多いと思っている。わたしはそのような人を「LAPER（ラッパー）」と呼んでいる。それは学校教育がLからはじめる仕組みだからだ。試験範囲は決まっている。学ぶことは先生から言われたことで決定している。外的な状況に対応、対策、対処するために学んで(Learn)いる。認知的な脳の使い方でもある。

言われたことを学び、それにもとづいて、行動し、しかし一方では、自身の内側にはストレスを抱えて、頑張って我慢して、実行（Action）しているのだ。それにより成果を出している人が偉くなっているのが、今の日本の大企業のほとんどではないだろうか。

それに対する警告の1つとして、三菱総研がこのような概念を提示したのではないかと思われる。『「機嫌がいい」というのは最強のビジネススキル』という本書のタイトルは、非認知脳の代表のライフスキルが「FLAP」の基本となる「Find」につながると考えられるからだ。「Find」できる「Finder」をもっと増やしていかないと、「LAPER」ばかりで日本のビジネスシーンに人的資本は増資されないだろう。

自身の「Find」からはじまるあり方こそ、自分で考え、自ら行動していく主体的なアントレプレナー精神でもある。みなが独立していく必要はないが、どこにいても「FLAP」の働き方ができないと、デジタル社会の中で生き残れないと考えるのは妥当な気がする。**どんな人も、どこでどんな仕事をしていても、自分の人生を生きていなければならないのだ。**

「Find」だけで完結してしまうと資本としての価値は弱いが、Fを基盤に「LAP」していける人財、すなわち◎人財だ。しかし、認知至上主義教育と「LAPER」社会の中で「FLAPER」を増やすには、もっと「Find教育」に投資しないとダメなのではないか。「Find教育」のヒントが本書の中にあると確信している。大企業で働くビジネスパーソンだけでなく、「Find力」を鍛えるのが前章で述べた階段をのぼり続けることなのだ。

階段をのぼらなくなれば、外界に振り回されて外界にもとづいて生きるようになるのだ。

そうならないためにも、Fを磨き続ける仕組みを個人や企業としても構築していく必要がある。

ぼーっとしていては、これからの時代は個人としても生き抜いていけないし、企業も人の集まりなので生き残れないのだ。「人的資本」の増資に力を入れてほしい。

「心理的安全性」はゆるさではない

それぞれが「機嫌がいい」を大事にしながら主体的に働く組織

どの企業も「心理的安全性」は大切だと考えているし、そういわれて久しい。しかし、なぜ「心理的安全性」がいまだに常態にならないのか？　**「機嫌がいい」に価値を重んじ、「機嫌がいい」が社会的な責任であり、「機嫌がいい」はビジネスにおける成熟の証だと考えている人が少ないからだ。**なぜ、そのような人が少ないかといえば、人間は認知的な生き物で、この認知脳が利き脳としてわたしたちを支配しているからである。

何度も申し上げるが、教育がそれを助長しているといっても過言ではない。学校現場ですら、残念ながら、いじめやハラスメントが起こっている。「機嫌がいい」は人としての権利であり、責任でもあるはずだ。その教育がどこにもないのが最大の社会課題なのではないかとすら思う。

一方で、認知的な人は、「心理的安全性」を甘ちゃんやゆるい組織だと勘違いをしている。「心理的安全性」は、△の人たちの集合体ではない。向き合うこと、コミットすること、行動することなどから逃げて、「偽ごきげん」でいる組織は「心理的安全性」とはほど遠い。何も成すことはできないだろう。

個々が自分の「機嫌がいい」に責任を持って仕事をする。もし、まわりに不機嫌な人がいてもそれに心を持っていかれずに、「機嫌がいい」を大事にしながら、それぞれが主体的に働ける。

しかし、関係に「安全性」がなければ、組織は機能しないだろう。互いに**「指示」**と**「支援」**の関係が必要だ。「指示」がなければ、ゆるいだけの組織になる。自身への「機嫌がいい」への責任だけでなく、まわりの他者たちの「機嫌がいい」に対する「支援」という責任を果たしていくことが良質な関係と質の高い組織を生み出すことになる。

なぜ安心して指示できるのか？　仲間のみなが自身で自分の機嫌をとることができるとわかっているからだ。指示するのは嫌いだからとか、その人物がダメだからではないはずだ。

仕事のパフォーマンスは「内容」と「質」、すなわち「何を」×「どんな心で」でできているからだ。そのことを自身が熟知していれば、仕事の仲間も同じなのだと知っているはずだ。

「心理的安全性」のある組織づくりに大切な3つのこと

そもそも成熟した組織は、「目的」を共有して集まっている。なぜ自分はその目標を果たしたいのか、なぜ自分たちはその目標を果たしたいのか？　なぜこの仕事をしているのか？　なぜ働いているのか？　「目的」をまず個々人が大切にする生き方をしていて、その個々が「目的」を共有しているのだ。

「目的」にそれぞれがアクセスして集まっている組織は、厳しい指示もその「目的」を叶えるためのものだと理解できる。したがって、**「心理的安全性」のある組織づくりは仕組みではなく、個々の非認知脳力、すなわちライフスキルの開発によってしか生まれないと考えられる。**そのために、組織として大切なことは、**「採用」**と**「教育」**と**「評価」**だ。

「採用」は非認知性を大切にして働くことに価値を重んじ、◎や「FLAP人材」になれる可能性のある人をなるべく採用するということだ。それは学歴には関係ない「生き抜く力」

の芽である。組織の大小に関係なく、そのような人財を採用すべきだ。

しかし、今の日本社会は「教育」上、認知的な脳機能が優位だし、仕事やビジネスになるとより、その機能が求められるだろう。したがって、企業内で非認知性やFind力を「教育」していかなければならない。「心理的安全性」を仕組みでつくるのではなく、個々の人財教育やトレーニングが欠かせないということになる。

そして、最後は「評価」だ。組織の中に「機嫌がいい」を重んじて、Flow で Do It している人財が一定の「評価」を受ける風土と仕組みが重要である。成果はもちろんだが、組織の中で定量化できない雰囲気や質をクリエイトしていることへの評価だ。◎の人が、組織の中でちゃんと「評価」される組織であるということが重要といえる。

「心理的安全性」のある組織は、人生の3分の1以上は働く時間といううえで大切なことは間違いないが、大切だからこそ簡単ではない。なぜ、お互いがなんでも言い合うことができるのか？　それは無秩序な世界ではないし、全員が我慢して「はい」と「すみません」だけを言っている環境ではない。**1人ひとりが「人の仕組み」、すなわち「ヒューマンリテラシー」を持ち成熟した人が集まるからこそ、実現可能な組織風土だ。**

しかし、それは特別な人と特別な能力ではなく、だれでも人間ならできる脳を働かせて生きることでできるのだ。この「あり方」の教育をさぼってきた日本社会のつけなのだ。いじめやハラスメントやもめごとや戦争すらを、この地球という大きな社会でいまだに行っているのが人間だ。本来の人間固有の非認知的な「ライフスキル」を育んで生きることができるのもまた、人間のはずだ。

ちょっと視点を変えて、「心理的安全性」のある組織のつくり方を考えるきっかけにしてほしい。その最小の単位は家族だ。家族というコミュニティで「ライフスキル」は学んでいける。

家族内になんでも言える「心理的安全性」を、保護者がつくれているのかということからはじまる。それは企業と同じで甘ちゃんな家族と子育てではないはずだ。人間としての「機嫌がいい」という権利を主張し、同時に成熟していく義務を果たすことだ。

家族は、自分の意志で選んだわけではない人との最小、最も近いところにあるコミュニティだ。企業も、自分で選んだ友だちとの仲間ではない。スポーツのチームも同じだ。その中で、成熟した個人のあり方、生き方、働き方を学び実践しながら、自身の「クォリティ・オブ・ライフ（QOL）」を謳歌して生きる権利と義務がわれわれすべての人にはあるのだ。家族も学校もスポーツも仕事も、1人ひとりの人生の一部なのだから。

健康経営は「機嫌」のマネジメントでもある

人の健康は「ライフスタイル」でつくられる

「健康経営」という言葉も、ビジネス界でいわれてからすでに当たり前になっている。みなさんは「健康経営」といえば、どんなことを想像するだろう？　全員が健康な会社？　健康診断をみなが受けている会社？　健康上の休職者がいない会社？　全員の体重と血圧が正常範囲？　どれも間違いではない。しかし、それでいいのかの疑問は残る。

産業医やカンパニーチームドクターやChief Health Officer（CHO）などの立場でいろいろな企業に関わらせていただいているが、サポートしている企業は働く1人ひとりが人的資本であり、人財なのだということを、企業経営と同じくらいに大切にしている。どの会社も経営会議は財務や戦略や事業計画などを取締役たちで議論しているが、一方で「健康」も1つの経営資源なのだと強く認識している。

原始時代から、**人の健康は「栄養」「休養」「運動」でつくられている。**それは、これだけ文明が発達した今も何ら変わらない。つまり、**「ライフスタイル」**だ。**「生活習慣」**である、この3つの要素がどんな時代も変わらず必要だ。

ところが、人類は認知的な進化による文明の発達で、この3つですら効率的にマネジメントしようとしてきた。ファストフードができ、コンビニができると便利さの中に栄養や食も飲み込まれている。人工甘味料や農薬をはじめとして、便利ではあるが、健康に向かって栄養が進んでいるかは疑問だ。

「ライフスタイル」や「生活習慣」は、仕事と別ではない。すなわち、「栄養」「運動」「休養」を考えるとき、それはプライベートでだけの問題では済まされないのだ。

「栄養」でいえば、必ず仕事中に昼食、ランチがふくまれているだろう。「運動」についても、さまざまな仕事があるが、座っている仕事がヘタをするとほとんどだ。またテレワークも増えて、身体を動かす量が減っているだろう。それもふくめて、その人の身体活動量、すなわち「運動」となっている。「休養」は睡眠だけでなく、ストレスをどのくらい抱えず、または発散できているのかも重要だ。週末と帰宅後だけで「休養」というストレス対策を強いるのには限界がある。仕事以外の時間だけが「休養」の場ではないはずだ。人によっては、それが削られて残業もしている。だからこそ、その働く時間は１人ひとりの健康にも大いに関与しているのだ。

残業が増えていくと、さらに健康障害のリスクが増える。仕事が好きだから大丈夫という人もいるかもしれないが、そんな人も1日は24時間で、残りのプライベートと睡眠時間が減ることになるのだ。

つまりは、**「健康」ということを考えたときに、それはただ個人の問題、プライベートの問題と片づけられないテーマなのだということを企業も理解しておく必要がある。**

したがって、健康診断だけでは１００％「健康経営」とはいえないのだ。厚生労働省の「健康経営」の定義を見ると、従業員の健康保持・増進の取り組みが、将来的に収益性等を高める投資であるとの考えのもと、健康管理を経営的視点から考え、戦略的に実践すること、となっている。

そのためには企業として、仕組みや制度はもちろん大切だが、「働く」という環境の中で、従業員、ビジネスパーソン１人ひとりがセルフマネジメントしていけるような教育機会の創出と提示が重要に思う。

何をセルフマネジメントできなければならないのか？　その**第一が「メンタルマネジメント」のスキル**だ。心の状態を整えるスキル、本書でお伝えしている「ライフスキル」はストレスマネジメントの最強ツールなので、直接メンタル疾患にとっても最大の予防になることはもちろん、「生活習慣」や「ライフスタイル」のための行動変容を圧倒的に促しやすいのだ。

「メンタルトレーニング」に投資する時代

ストレスチェックなるものは導入されたが、ビジネス界でメンタル疾患がどのくらい減ったのだろうか？　まったくもって減っていないのが実情ではないかと推察される。みなさんの肌感覚ではいかがか？　高ストレス者をあぶり出して、メンタルヘルス対策を医療的に行い介入する。それによって、セルフマネジメントよりもメンタル弱者のレッテルを貼って、病気をつくり出していることにすらなりかねないのが現状だ。

むしろ、**「自分の機嫌は自分でとる」**というライフスキルをトレーニングして、セルフマネジメントできる人財を増やしていくほうが真の健康経営につながるのではないだろうか？　メンタルヘルスよりもメンタルトレーニングだ！

「健康」という自分自身に目を向けるのも、非認知性を高めていかなければ、相変わらず認知的に外界のさまざまなものに対応、対策、対処するばかりで、自分自身への関心やセルフマネジメント力のあるビジネスパーソンには育ちにくい。

再三申し上げるが、社会に出て働く前の「教育」の段階で、その「教育」の主たる目的が認知的なので、働きはじめる時点で「ライフスキル」を有する機会が絶対的に乏しいのだ。「教育」ができていないのであれば、企業が健康経営を進めるために、真の社員教育をしていかざるをえない。教育が変われば別だが、時間がかかるだろう。

企業が生き残りをかけて行うべき投資の1つが、やはり従業員の**「ライフスキル教育」**だと声を大にして言いたい。それが「健康経営」にまでつながっているのだということを知ってほしい。

健康診断やストレスチェックだけに頼っていると、制度ありきの「健康経営」に終わってしまう。従業員1人ひとりが「ライフスキル」を有し、◎の状態で仕事に取り組んでいける環境と教育を用意していかなければならないのだ。

子育てと同じで、最初は手間がかかるし、コスパは悪いだろう。がしかし、この投資をしていれば、社員が主体的に自立・自律的に、自らを振り返り、マネジメントしながら、自分のスキルや知識の向上、やるべきことの実践、自身の役割を責任持って遂行するといったことが起こってくるだろう。それが本当の「健康経営」だ。

もちろん、人は不慮の事故や病気にも残念ながら遭遇したり、罹患したりする。血圧が正常であることだけを健康の指標にするのではなく、働く質やbeingを司る心の状態を大切にして、「機嫌がいい」を実現できる人財と環境を「健康経営」の根幹としてほしい。

しかし、これらは定量化できないし、課題となる前の増進的なアプローチだから、その価値に気づきにくいのだ。さまざまな経営者とお付き合いをさせていただいているが、明らかにこの感性を有して、社員の非認知的なスキルが最高のビジネススキルだと考え、投資価値があると判断される経営者が増えてきたように思う。

ビジネス界における「健康」は、医療による治療の発想から、健診や検診、ストレスチェックなどの予防を超えて、「スキル」として投資し増進していくトレーニングの時代なのだ。

時代がそれを示唆しているように感じる。乗り遅れないでほしい。

「非認知脳」がレジリエンスを生む

「やり抜く力」は非認知脳で磨かれる

ビジネス界でしばしば耳にする言葉に「ＧＲＩＴ（グリット）」や「レジリエンス（Resilience）」がある。「ＧＲＩＴ」とは「やり抜く力」と解釈されている。成功するかどうかは、生まれ持った才能や環境によってのみ決まるのではなく、「ＧＲＩＴ＝やり抜く力」が重要であり、これは大人になってからもトレーニングによって後天的に伸ばすことのできる能力だ。

リクルートエージェントの記事で関口朗子さんが書かれている内容が素晴らしいので、参考引用しながら述べる。「ＧＲＩＴ」とは、次の４つの要素から成り立ち、それぞれの頭文字を取って「ＧＲＩＴ」になる。

- Guts（ガッツ）：困難なことにも立ち向かう度胸
- Resilience（レジリエンス）：苦境にもめげずに立ち直る復元力
- Initiative（イニシアチブ）：自ら目標を見つけて取り組む自発性
- Tenacity（テナシティ）：最後までやり遂げる執念

つまり、**「ＧＲＩＴ」とは、困難な状態でもめげることなく、自ら目標に向かって最後までやり抜く力**のことで、自分らしく成功するために重要な能力として注目を集めている。

「ＧＲＩＴ」を提唱したのは、ペンシルベニア大学教授のアンジェラ・リー・ダックワース氏だ。心理学者のダックワース氏は、「人生において成功の鍵を握っている能力とは何か」という研究に取り組んだ1人でもある。

コンサルティングファームを経て教師になったダックワース氏は、その経験から、ＩＱが高くても成績がよいとは限らないこと、ＩＱが低くても「ＧＲＩＴ」があれば優秀な成績を収めている生徒がいることに気がつく。また、研究者としても成功している人の共通点について、専門的な調査と研究を行った結果、成功のために必要な要素として「何ごとにもあきらめずに長期間忍耐強くやり抜く能力」が大切だという「ＧＲＩＴ」の理論にたどり着いたそうだ。

この「ＧＲＩＴ」理論がとくに注目されている理由は、努力や継続の重要性が科学的根拠を持って述べられているからだ。成功するかどうかは、生まれ持った才能や環境によってのみ決まるのではなく、「ＧＲＩＴ＝やり抜く力」が重要であり、それは大人になってからもトレーニングによって後天的に伸ばすことが可能だと、ダックワース氏は提唱しているのだ。

多くの人は「才能がないから成功できない」と考える傾向がある。しかし、成功者の多くは、長い時間をかけて努力を積み重ね、何度も失敗や困難を乗り越え、粘り強く続けてきた結果なのだ。

こうした「やり抜く力」が強い人ほど、成功をつかみやすいだけでなく、精神的に健康な生活を送れることから、人生における幸福感にもつながるといわれている。そして、「ＧＲＩＴ」は、大人になってからもトレーニングによって伸ばすことのできる能力だと紹介されている。

まさに本書でお伝えしている**「非認知脳」**を後天的にも磨いて、**「自分で自分の機嫌をと**

ることができる能力」を手に入れていければ、じつのところ、人は「GRIT」するのだ。

外界に関係なく、自身の思考で「機嫌がいい」を創出できることこそが、この「GRIT」の能力につながるのではないだろうか。

「GRIT」には認知脳だけでは限界があるということだ。非認知能力を有したうえで、認知的に外界に接していけることで、何かを成し遂げられるはずである。つまりは「バイブレイナー」だということなのだ。

非認知脳はだれでもが後天的にも育て磨くことができることが大事だ。先述した記事では主に成功するためと紐づけているが、もちろんそうだが、むしろ成功よりも本書で述べているように「成長」につながる人生を歩めるほうがイメージしやすい。成功は点だし、だれかによる社会的評価だが、**自身の固有の道を歩み続けることになるのが「バイブレイン」な生き方だ。**多くの人がそうあってほしい。

レジリエンスもまず「機嫌がいい」を実現してこそ

認知脳は個人差があるが、非認知脳はだれでもができる能力だから、みながそうあれると信じている。「仕組み」を有し、「仲間」を見つけ、「エネルギー」を持って、〝あの〟階段をのぼり続ければいいのだ。

また、「GRIT」のRが「レジリエンス」だ。「レジリエンス」という言葉だけでも、多くのビジネスシーンで関心を持たれているだろう。「レジリエンス」とは「回復力」「復元力」という意味で、近年、心理学、ビジネス、組織論など幅広い領域において注目されている言葉の1つだ。「逆境や困難な状況に陥ったとき、自ら回復する力」と定義されている。まさに、「自分で自分の機嫌をとれる非認知脳力」といえる。

どんなビジネスシーンでも、「レジリエンス」の能力は必要である。なぜなら、外界にはコントロールできない不機嫌やストレスやノンフローな事象が常に襲いかかってくるからだ。

人生も同じである。スポーツもまったく同じだ。それを認知的な外界のマネジメント能力だけだと、レジリエンスしにくい。それは外界が変わるまで難しいし、変えられるとは限らないからだ。ストレスフルな外界をマネジメントして対応しようと思えば、まず自身が「機嫌がいい」を実現していなければならない。

どんなときでもできる方法が「思考」だ。その代表が「ライフスキル」といえる。「レジリエンス」という、非認知的なライフスキル思考がそれを可能にする。

そのことに気づき、「ライフスキル」を磨き、スキル化していける人財が、どんな世の中でもレジリエンスできる頼りがいがあり、周囲からも信頼されるのだ。

レジリエンスできる非認知性の高い「バイブレイナー」がビジネスシーンには重要だ。そんな人財と一緒に働きたくはないか？　それは特別な能力だと思い込んでいるが、だれにでもできる思考のスキルなのだ。その習慣がないので難しく感じるだけである。だれでも可能だと信じて、本書の「思考」を1つひとつ意識するようにしてほしい。気づけば、さまざまな変化が起こるはずだ。

だましてはいないが、だまされたと思って、これまでの人生ではあまり意識してこなかった、**「非認知的なライフスキル思考」**を意識していってほしいと心から願っている。

ホワイト組織への道も「機嫌がいい」から

「心」を大切にした働き方

「ホワイト企業大賞」の企画委員というのを拝命している。アイボなどのロボット開発をしてきた元ソニーの常務だった天外伺朗《てんげしろう》さんと、ネッツトヨタ南国の創業者でいらっしゃる横田英毅さんが代表をされている活動だ。

日本中のホワイト企業を表彰し、みなで一緒にホワイト企業の道を歩んでいこうという素晴らしい理念のもとで、多くの経営者が集まり、早10年が経過した。毎年、30社程度が応募され、2024年1月にも表彰式とワークショップを参加者全員で行った。この活動のストーリーをご紹介する。

「ホワイト企業大賞」の企画委員会は、未来工業の山田昭男相談役が亡くなった2014年の秋に発足した。当時すでに「ブラック企業」という言葉が市民権を得て、「ブラック企業大賞」の表彰がメディアで取り上げられていた。そこで、「ブラック企業の対極はホワイト企業だ」とおっしゃった山田相談役の言葉を受けて、「ブラック企業より、ホワイト企業を探したい、増やしたい」という思いで、天外伺朗さんをはじめとした専門家有志が集い、ホワイト企業を「社員の幸せと働きがい、社会への貢献を大切にしている企業」と大きく定め、「ホワイト企業大賞」という表彰制度をはじめとした活動をはじめたと。

「ホワイト企業大賞」には評価基準はない。また、応募の組織形態は問わない。法人のほか、支店・部署単位での応募も可能だ。大賞の選考は、アルバイトやパート、派遣の方々もふくめた働く方々へのアンケート調査から、組織のホワイト企業指数「のびのび」「いきいき」「すくすく」の各因子の分布、組織の状態を測り、ヒアリングなどによって組織の特徴をうかがい、企画委員会で検討している。

経営者と働く人たちの思いと行動で育まれた、個性豊かなホワイト企業を探し、大賞のほか、組織の特長にフォーカスしたさまざまな賞を設けているのが、わたしたちの活動である。ぜひ興味を持っていただきたい。

すなわち、わたしたちが考える「ホワイト企業」とは、単に残業がない、障害者の雇用基準を満たしている、有給の取得率が高い、女性の役職者比率を満たしている、などではない。ひと言でいえば、**「心を大切にした働き方」を経営者も従業員もみながができるような会社をつくろうとしている会社**と考えている。

そこで、大切にしているキーワードが3つある。**「働きがい」**と**「幸せ」**を感じているのか？ そして**「社会貢献につながる」**と感じているのか？ だ。この3つを感じて働いていると、人は**「イキイキのびのび働く」**と考えられているそうだ。

そして、「イキイキのびのび働く」と、その組織は生産性が高くなり、持続可能な成長をしていくとされている。売上が上がり、目標を達成し、上場し、儲かったら、働きがいを感じ、幸せを感じ、貢献を感じるのではなく、イキイキのびのび働いていることを感じるような社風をつくっていければ、生産性や成長はやってくるという考えだ。

すなわち、どうしたら社員は働きがいを感じることができるのか？ まず働く人たちがどうしたら幸せを感じることができるのか？ 働くことが社会につながり、会社の内外にも貢献しているのだと、どうしたら感じることができるのか？ など正解のない問いを会社全体で考え、取り組んでいる素晴らしい会社がたくさんあるのだと、この活動に関わることで気づかされた。本書で紹介している「フロー理論」と同じだ。心が整えば、パフォーマンスの質は向上し、結果につながるという考えだ。「イキイキのびのび」は、まさに揺らがず囚われずの心を別の言葉で表現したものだ。すなわち、「機嫌がいい」ということになる。

上に立つ人が心に価値を重んじているか

そのような「心」を大事する働き方や企業内の環境をつくるのは簡単ではない。それぞれの会社がそれぞれの方法で素晴らしい取り組みをされている。わたしたち委員はそれぞれの企業を訪問し、経営者はもちろん従業員のみなさまの声を聴かせていただく。いつも感動をいただくのだが、**間違いなく本当にホワイトの道を歩まれている企業は、経営者自身が「心」に価値を重んじ、「心」を大切にした生き方をしている。**

が、経営者がトップダウンで、「働きがい」や「幸せ」を管理し強要しているのではない。人間とはどういう仕組みなのかのヒューマンリテラシーを高め、ビジネスは人の営みであり、従業員の方々も同じ人間で同じ仕組みで動き、働き、生きているのだということを理解し、実践しているのだ。**「人間の仕組み」を理解し、非認知的思考を育んでいる人は「機嫌がいい」**

だけでなく、その価値をまわりや大事な人ほど、強要ではなく、共有していくのだ。

ホワイト企業のカギは、経営者であることは間違いない。スポーツのチームであれば、監督やヘッドコーチが「心」に関心があるかどうかがキーになるのと同じだ。その影響は少なくないからだ。部であれば部長だ。心の状態や心の価値を理解している人は、認知的な行動やルールのように強要できるものではないので、**対話を通じて、トップダウンではなくコミュニケーションによって共有していく文化を大事にしている。**インフラや仕組みやルールといった環境ではなく、対話を通じて共有していくことでできる文化を大切にしているのだ。

文化の醸成は「道」だ。個人の人生におけるあり方の醸成も同じように「道」だ。認知脳は効率や速さや便利さを望むので、このような「道」が明らかに苦手だ。もしかすると、100年続く会社が世界でも多いといわれる日本の働き手のあり方や企業文化の醸成や歩みが、これまで「道」として存在してきたのではないかと推察される。

が一方で、戦後に欧米の認知的な成果至上主義や効率化が導入され、以後は文明発展やGDPの向上が急速に実現して世界の先進国に仲間入りしたものの、日本人が本来得意な非認知的な「道」が忘れられて今現代にいたっているのではないだろうか。

手間はかかるがかかる分だけ、組織は醸成され、長く成長する会社へと歩んでいけるのだ。

成熟したビジネスには「スポーツ」がカギ

ビジネスは毎日が試合であり「心技体」が大事

スポーツとビジネスの関係は、スポンサーあるいは福利厚生の1つとしての位置づけとなっているのがこれまでの日本だった。スポーツの存在価値が日本では低く、富国強兵からはじまった体育の概念が強い。しかし、欧米では**「スポーツは文化だ」**というとらえ方をしている。「文化」とは英語で「カルチャー」、語源はフランス語系のラテン語らしく「人として耕され、人として心豊かに生きる人間活動」という文明と対比された意味だ。

「文化」としてのスポーツが、社会やビジネスに大いに役に立つ存在だと考えられているのだ。スポーツは社会の縮図として、人の心の豊かさを学ぶことができる貴重な人間の営みの

1つなのだ。

スポーツには「心技体」という言葉がある。「心」の大切さが、経験的にこの言葉として
スポーツには生まれているのだ。パフォーマンスという人間の営みを見たときに、スポーツ
もビジネスも「心技体」のはずである（次ページ図）。

パフォーマンスは、仕事もスポーツも「内容」と「質」でできているのは人間の仕組みと
してまったく同じだ。内容の「何を」をレベルアップするためには、スポーツでは技術や体
力が必要で、とてもわかりやすい。そのため、アスリートは技術向上のために練習をし、体
力をつけるためにトレーニングをしている。がしかし、それだけでは結果が出せないことも
わかっている。**「心」の存在がパフォーマンスに大きく影響していることをみなわかってい
るのだ。**だから、「心技体」という言葉があるのだ。

ビジネスの世界で「心技体」と言わないのはなぜなのか？　心もあまり配慮されず、健康
な身体も後回しで、技術やスキルや知識だけで、仕事というパフォーマンスを日々、何年も
続けている。ビジネスパーソンにとって仕事は、試合会場のピッチやグラウンド、あるいは
アリーナや土俵のはずだ。**毎日が試合で、毎日が練習、これがビジネスである。**もっと人と
して、「心技体」を大事にしたいものだ。

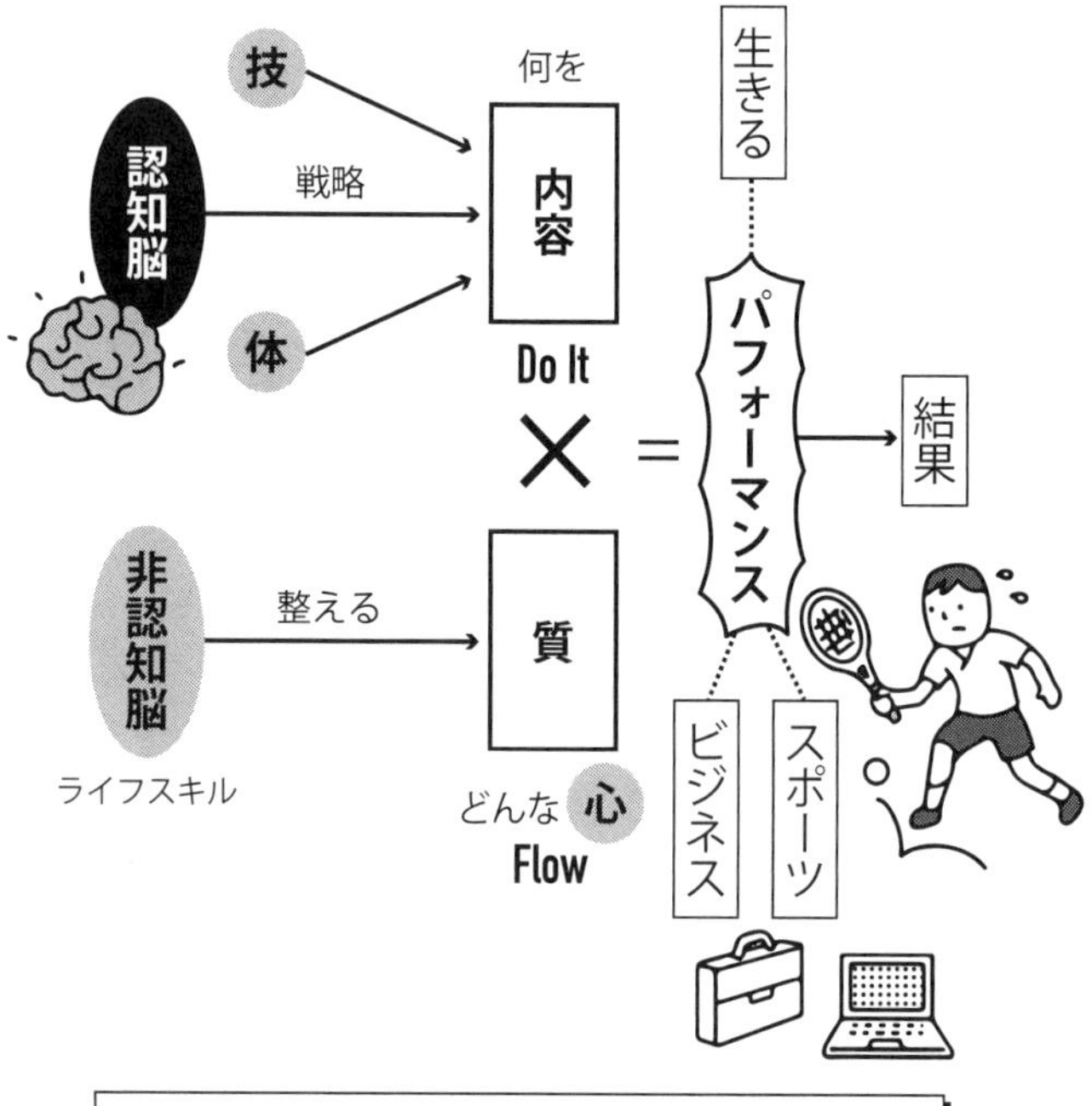

スポーツもビジネスも
パフォーマンスの視点から見れば同じ構造

欧米では、すでにスポーツ心理学がビジネスで応用されている

また、「スポーツ心理学」なる言葉はあるが、「ビジネス心理学」という言葉はあまり聞かない。そんな学部があるのかも知らない。わたしの知人で、クレアモント大学院大学のMBAコースでメンタルをビジネスパーソンに教えているジェレミー・ハンター氏のような方は極めて少ないのではないだろうか？　スポーツには心の状態が必須で、それを学問として研究しているのだ。

さらに、その心理学が広く社会やビジネス界にも応用されていく実学が欧米にはある。何年も前になるが、わたしがこのようなことに興味を持ちはじめたころ、アメリカの応用スポーツ心理学学会なるものへ参加したことがある。

スポーツ心理学の先生方が、スポーツもビジネスも関係なくメンタルトレーニングをされていたのが衝撃的だったのを今でも覚えている。週末はコロラドスプリングスでメンタルトレーニングをオリンピアンにされている先生が、ウィークデーはウォールストリートでビジネスパーソンのメンタルトレーニングをされているというような話をされていて驚いた。

NBAでこんなチームワークトレーニングをしてうまくいったという事例をメーカーの企

業でも行っている先生の事例発表や、ニューヨークのジュリアード音楽院でメンタルトレーニングをしながら、オリンピアンや企業のメンタルトレーニングをされているようなスポーツ心理学の先生が大勢いたのだ。

日本ではスポーツは体育だから、スポーツよりもビジネスが常時上位にあり、スポーツからビジネスが学んでいくものがあるなどとは考えられていない。しかし、ビジネスは人の営みだとわかっていれば、スポーツも同じだし、そこから学べるものもあるはずだと考えることができるはずだ。日本でいえば、ビジネスパーソンが宮本武蔵の『五輪書』から学んだり、日本の武士道精神を学び続けているのと同じかもしれない。

日本で、あるフランスの外資系の会社にフランス人の社長が赴任した際、すぐにその企業ではメンタルトレーニングをしていないのかと人事部長に尋ねたらしい。すると、「日本ではわが社をはじめ気合いと根性で十分に成果を出してきたので、メンタルトレーニングなど取り組んできたことはない」と答えたそうだ。

そのフランス人の社長は、サッカーのワールドカップでフランスが優勝した際のメンタルトレーニングをやっていた方がフランス支社でビジネスパーソンたちにもメンタルトレーニングをしていたという話をされて、日本支社でもそのような先生を探してやってほしいとなった。そこで、わたしに声をかけていただき、彼が社長のときの3年間くらい取り組んでいたことがある。

スポーツの見方や心への考え方に、欧米と日本ではまだ差があるように思えてならない。その日本におけるすべての原因は、スポーツを体育として教育されていることにあるように思う。

スポーツは体育ではない。**スポーツは、徳育も知育もすべてをふくむ人間が生きるために必要なことを知ることのできる「文化」である。ルールを守ることやチームの輪を保つことなど徳育もあるし、何をしたらいいのかを自ら考え、答えのない問いに対して向き合っていく最高の知育だ。**

「人生」という試合会場で力を発揮するために

もちろん、運動神経のよし悪しや、スポーツをするときの好き嫌いもあるが、「文化」としてのスポーツは体育と違ってするだけではない。するだけじゃなく、観るとか支えるとか話すとか聞くとか読むもあるはずだ。

たとえば、『スラムダンク』の漫画は読むスポーツ文化だ。読むことで心の豊かさを手に入れることができるだろう。だから、1億冊も売れている最高のスポーツ漫画になったのだ。イタリアはスポーツも盛んだが、芸術も優れた国だ。芸術家がセリエAでスポーツはしないがカフェでスポーツの試合を語り、人生を豊かにしている。アスリートたちも声楽や楽器はやらないが、オペラやクラシックのコンサートを聴きに行く。文化としての豊かさは共通しているからだ。人の豊さと、ものの豊かさだ。

文化と文明。さらに視点を広げれば、文明を生み出しているのは人だ。人の営みや人の豊さは、そこからも参考にできるものがあるのだ。それが真の文武両道にほかならない。

先述した三菱総研の「FLAP人財」の考えの背景に、スポーツ界のアスリートたちは「FLAP」しているし、いつも無意識に「Find」を習慣化しているのではないかという仮説がある。スポーツ界の「FLAP」をビジネス界に活かす試みだ。

「Athlete FLAP Support（通称AFS）」というプロジェクトが三菱総研内に立ち上がり、そのアドバイザーとしてわたしも関わらせていただいている。また、わたしが代表理事を務める「一般社団法人Di-Sports研究所（通称Di-Spo）」は、非認知脳の高い「FLAP」している日本代表のアスリートたちとともに、「機嫌がいい」を子どもたちに伝える「ごきげん授業」をアスリートごきげん先生として行っている。全国の小中学生を対象に非認知性を育む「ごきげん授業」だ。今現在44名のアスリートたちがいるが、みな競技成績は日本のトップだが、同時にセカンドキャリアも成功している。

アスリートのころから自身を「内観」し「inside focus」する非認知能力としての「Find」を磨いてきたからこそ、スポーツはもちろんどこに行っても「FLAP」していけるのだ。

スポーツも教育もそしてビジネスも、人間にとって必須の「非認知能力」を必要としているし、その価値を知りスキルとして学んでいる人たちは、「人生」という試合会場でも強い。

しかし、スポーツでも「LAPER」はいるし、Fどころか何も考えずに、「はい」と「すみません」「気合いだ」で今もスポーツをしている環境も日本には存在している。スポーツ界もまだ発展途上だといえるかもしれない。スポーツも、ビジネスもそして教育の世界も「機嫌がいい」を大切にできる豊かな社会になってほしい。

ビジネスには「スピード」が必須の時代

スピード時代だからこその「自分で自分の心を整える力」

ビジネスもスポーツと同じように「スピード」が求められる時代だ。さまざまなものにスピードを求めるスピード至上主義の社会を、人間自らが形成してきたともいえる。

交通手段を速める努力を、人は繰り返している。今でもより速くを追求し、開発が進んでいる。江戸時代の馬や飛脚、あるいは人力車や殿様の乗る駕籠《かご》を想像してほしい。つい数百年前から比べたら、移動のスピードは恐ろしいほどに改良されている。その便利さのおかげで、やれることも増えたし、やるスピードも求められるようになったのだ。人間がつくった便利さゆえに、人間の対処、対策、対応能力もスピードアップが要求されることになった。

また、通信もより速くが実現されてきた。文《ふみ》を交わしていた時代から、電報や速達が交通のスピード化とともに実現されてきたのが今の世の中だ。しかし、通信は交通に依存した物理的なスピードでは飽き足らず、交通から離れた独自の通信を追い求めてきた。有線の電話や通信から、無線のインターネット回線などへだ。今や当たり前になっている高速の通信手段である。

インターネットが速くつながらないだけでも、現代人はイライラするのではないだろうか？　ＬＩＮＥに即レスがないだけで心が乱れてしまう。通信の高速化によって、ビジネスのスピードも当たり前のように求められる時代だ。**その分、わたしたちの対応、対策、対処のスピードも要求されている。**

人間の認知脳が便利を追求するあまりスピード化した結果、認知は暴走し、その社会の中で認知脳が対処してやっていかないといけなくなって悲鳴をあげている。人間の機能そのものは、江戸時代からもほとんど変わっていないはずだ。原始時代、縄文時代からも、社会ほど進化していないのがそもそも人間だ。

外界だけをどんどん変化させて、それによって人間は相対的に便利を手に入れた一方で、苦しくなっているのかもしれない。それが産業革命と精神疾患の歴史のように思う。

しかし、今この便利なスピード時代から戻ることは困難を極めるほど難しい。そこで、さまざまに生じる社会課題の出現がわたしたちにヒントを出しているのかもしれない。環境破壊はもちろん、精神疾患の急増なども認知の暴走によるスピード化の表れだ。

そこで、キャンプで焚火を見ながらゆっくりすごす時間を大切にする人が増えてきたように感じる。そもそも日本にはゆっくりの文化もあった。能は、世界でも有数のゆっくりを美として追求してきた日本固有の文化でもある。茶道もそうかもしれない。

歴史上もどこかで人間が進めるスピード化に対して、抵抗への叫びがこうして繰り広げられてきたのだろう。人間としての知恵がそうした文化を生み出してきたのだ。スピード化の文明と、こうした人間固有のあり方を追求する文化の共存とでもいえるかもしれない。

文明と文化の共存は認知脳と非認知脳の共存にも類似する。主に文明とそれを補完するために宗教の共存を欧米は進めてきたが、それは認知脳1本ですべてをやりくりしている状態だ。文明と共存しているはずの宗教でも認知脳が暴走して戦争すら人類は繰り返しているのだ。文化としての非認知性を育んだほうがバランスがいいといえるだろう。

スピードの時代だからこそ、認知の暴走のリスクが高いからこそ、自分で自分の心の状態を整える力が必要だ。非認知脳のライフスキルを磨いて、自身の内側の価値を重んじ、大切

にする力が重要になる。それができないと、逆にスピードの時代に生き残れないのだ。「機嫌がいい」は、その1つの表現といってもいい。

そして、一見、認知脳から離れてライフスキルを働かせるのは無駄で非効率的と認知脳は判断するだろう。しかし、そのようなことは決してない。いいから早く認知して、対応、対策、対処しろ！　と。しかし、これでは頑張っているだけで、自分の土台が整っていないために、自身がうまく機能していない状態となって、余計に時間がかかってしまうのだ。

心が乱れて機嫌が悪い状態だと、理解はもちろん、判断や決断のスピードは明らかに低下し、行動や実行のスピードも落ちるだろう。それだと、このスピードの時代にあって、勝負していけないのだ。じつはそれこそが多大なる労働損失を招いているのだ。

非認知脳を働かせて、いつでもどこでも自分を整えたうえで、このスピードの時代に認知の機能を最大限に働かせてバージョンをアップしていかないといけないのだ。非認知的な能力にもっとビジネス界が目を向けていくことを心から願っている。**どんなに文明が発展したとしても、人間は心の生き物であることを忘れてはいけない。**

心が整っていなければスピードに対応できない

先述したように、スポーツは非認知性を育くまないとやっていけない。スポーツもスピードが求められるものが少なくない。そのために技術や身体を鍛えて臨んでいくが、一方で心が整っていなければ、そのスピードにあらゆる面で対応、対策、対処できないと知っている。だから、アスリートたちはメンタルトレーニングをするのだ。

ビジネスパーソンもビジネスアスリートとして、高速回転のビジネスシーンで戦っていくために、非認知性を育み、さらに鍛えて1つのスキルとして獲得して活躍していく時代だ。

これからの時代は、スポーツ界と同じでビジネス界でも気合いや根性だけでは太刀打ちできないのである。それができなければ、じつに大きな労働損失といっても過言ではないのだ。それではスポーツもビジネスも勝てないということだ。

不機嫌により失っているものをあらためて思い出してほしい。したがって、さまざまな視点から考えても、**「機嫌がいい」の価値なくして、生き残りなしなのだ。**本書のタイトルである『「機嫌がいい」というのは最強のビジネススキル』を流行語大賞にしたい（笑）と心から願っている。

パフォーマンスを引き出すリーダーシップ

人のパフォーマンスは「指示」と「支援」

ビジネスはもちろん、社会には「リーダーシップ」の存在が必要である。スポーツ界はもちろんだ。ここで述べる**「リーダーシップ」とは、人の仕組みをよく理解し、ヒューマンリテラシーを持って人に接することだ。**それによって、パフォーマンスを引き出し、その人らしく輝くことのお手伝いができる。そんな、人としての能力だ。

パフォーマンス、すなわち「生きる」の構成要素を覚えているだろうか？　再三、本書でも述べてきたが、それは「内容」と「質」だ。「何を」×「どんな心の状態」ということになる。**どんな心で何をやっているのかが、パフォーマンスのすべてだ。**そこに人や時間の例外がないことをリーダーシップのある人は理解している。

そこで、**そのパフォーマンスを引き出し、その人らしく生きることに寄与するには、「何を」には「指示」を、「どんな心で」には「支援」のアプローチが大切なのだ。**

「指示」は行動の内容なので、明確に具体的に、ときには厳しく接する必要がある。これは認知脳の役割だ。多くの場合、自身も認知的に生きていれば、人の接し方もこの部分にばかり終始しがちである。ビジネスになればなるほどだ。

一方、「支援」は人のパフォーマンスには心や質があるということを熟知して、そこを「機嫌がいい」状態に導くアプローチを怠らないということだ。ノンフローな状態では何をやっていても質が低いということをわかっていて、少しでもフロー状態へとサポートする生き方が「支援」である。

「指示」しかなく、「支援」がなければハラスメント傾向だ。「指示」はなく、「支援」しかなければカウンセラー的なアプローチになる。**どんなときもその両立が必須である。**なぜなら、それが人間の仕組みだからだ。

『スラムダンク』の安西光義監督も若いころは「指示」だけで選手を潰していたが、晩年になって人の仕組みを理解していったことで、「指示」と「支援」の両方を持ってアプローチするホワイトヘアードブッダの監督になったのだ。

「指示」と「支援」のできるリーダーシップが安西監督になければ、桜木花道は数日で湘北高校のバスケ部を辞めていただろう。そうしたら、あの歴史に残る名試合の山王工業戦はこの世の中に誕生しなかったはずだ。安西監督の功績は多大だ。適格なときに具体的な「指示」を与え、あとは1人ひとりの心の状態を把握しアプローチしている。

スポーツ界のよい指導者は、みなこの「指示」と「支援」のバランスがいい。今なら野球の栗山監督やバスケットボールのホーバス・ヘッドコーチを思い出す。それはビジネス界のリーダーや仲間、教育界でも保護者や先生においても同様である。「指示」と「支援」の比率の正解はない。どちらかが失われた、人へのアプローチではまずいのだ。それは人間の仕組みに離反することだからである。

人を「機嫌がいい」に導く3つのスキル

さて、人の心を配慮して、「機嫌がいい」に導く支援力のある人には、どのようなスキルがあるのだろうか？　それには3つあると考えられる。

まず1つめは、**自分自身がフローで「機嫌がいい」ということだ。**自身が「機嫌がいい」状態でなければ、他者やまわりを「機嫌がいい」状態になど絶対にできないだろう。自身がフローでいるだけで、まわりはフロー状態になるのだ。

2つめは、**「機嫌がいい」に導く声かけ**だ。「フローに導く声かけはどのようにしたらいいのだろうか?」。そんな質問をよくいただくが、じつは、声かけは心がけだ。フローに導く声かけをするには、自身がフローになる心がけをしていなければできるはずはない。自身をフローに導く心がけこそが「ライフスキル」だ。

「ライフスキル」という思考の心がけを意識して、自身を「機嫌がいい」心の状態にしている人は、まわりにもそう声をかけるだろう。気合いや根性の心がけのある人は、まわりにもそう声をかける。無理やダメの心がけがあれば、そう声かけするのだ。

声かけを変えたければ、自分の心がけを変えなければならない。リーダーシップのある人は、この「非認知的思考」を心がけていて、自身は「機嫌がいい」を大事にし、まわりにもそのような声かけをしてフローに導いているのだ。

たとえば、「感情に気づいているかい?」と声かけしているか?「機嫌がいいの価値を忘れていないかい?」とか。まずは「一生懸命を楽しもう!」とか、「過去や未来に振り回されているから『今に生きる』と意識しましょう」などなどの声かけが自然に生まれてくるはずだろう。もしそのような声かけがないなら、まだまだ「ライフスキル」をスキルとして心がけにできていない証拠でもある。気をつけてほしい。

3つめは、**相手がしてほしいことをしてあげる姿勢だ。**もちろん、どんなことをしてくれるとフローになるのかは、人によっても違うだろう。その人を配慮して相手にどう接してもらえればフローに傾くのかを尋ねて、それを意識して接していけることが大切だ。信じてほしいと考えている人には、信じてあげる姿勢で接することができればいいだろう。

どんな人にも共通している、こうしてくれると「機嫌がいい」ほうに導ける「支援」をいくつかご紹介する。

人間関係のところでも述べたが、人はどんな人もわかってほしい。「感情」と「考え」をわかってほしいという訴えがあるのだから、相手のためにもわかってあげる姿勢が重要なのだ。同意よりも理解でわかってあげる姿勢が「支援」の1つでもある。わかってもらえないことで、人はしばしばノンフローになっている。

次に、人はだれもが「応援」してほしい。間違えてはいけないのが「期待」だ。「期待」は相手をフローにはしない。**無条件に相手のことを思う「応援」は「支援」の最大級の姿勢**

だ。まわりをフローに導くために「期待」より「応援」してあげる姿勢を心がけよう。「応援」してあげるは、「フォワードの法則」でも人間関係のところでも出てきている重要なライフスキル思考だ。肝に銘じておきたい。

さらに大切なのが、**人は「時間の幅を持って見てほしい」という願いがあることだ**。いきなりやってきて「まだやっていないのか！」と言われると、人は余計にやりたくなくなる。ノンフローになるからだ。どんなことがあって、「今までできてないんだ」とか、「この後どんなつもりなんだ？」と言われればやる気がする。

時間の幅を持って接するために重要なことは、「結果」より「変化」を見てあげようと心がける姿勢だ。「結果」には時間の幅がない。「結果」だけ見る人の特徴は、点で人を見るので、評価するためにいつも何かと比べている。比べられたら、人はノンフローになる。一方で「変化」を見るには、時間の幅を他者に対して意識する必要がある。

「変化」には2つある。**「成長」**と**「可能性」**だ。「まだまだだけれど、前よりもよくなっている」だとか。「まだまだだけれど、このあとよくなるよ」と言えるかどうかだ。この「成長」と「可能性」の変化を他者に対して持ってあげる姿勢が「支援」だ。これらの姿勢はまわりを「機嫌がいい」に導き、パフォーマンスを引き出すための重要なカギとなる「支援」のあり方がある。

「支援」はすべて「機嫌がいい」を相手に導く姿勢なので、「ライフスキル」といえる。他者との関係でいえば、この「ライフスキル」がリーダーシップのある人の人間力だとも考えられる。「支援力」を磨いていくことで、「指示」と「支援」のバランスを持って人と接することのできるリーダーシップのある生き方につながっていくのだ。

エクセレントなチームの条件

『スラムダンク』の山王戦のゴリのひと言から学ぶ

素晴らしいチームには何があるのだろうか？　エクセレントなチームにあるものとは何だろうか？

『スラムダンク』の中でわたしが一番好きなシーンの1つが、湘北高校が山王工業との試合中にタイムアウトの際、キャプテンのゴリが「このチームは……最高だ……」とつぶやくシーンである。試合はまだ負けているのにだ。

試合に勝って、「このチームは最高だ！」と多くの人は言えるだろう。しかし、このシーンは違う。何があればこう言えるのか？　何を感じればこうつぶやけるのか？　ぜひ考えてみてほしい。チームは友だちでも家族でもない。仲よしの集まりでもない。そこには何が必要なのか？　一緒に考えてみよう。

チームの構成要素は、いついかなるときもこの3つだ。**「個人」**と**「全体」**と**「関係」**だ。個人のいないチームはない。そこに全体性があり、お互いの関係性があるだろう。ただ大勢の集まりは、チームとはいわないからだ。

この3要素は、NBAでも大リーグでもどんな企業でもどんなプロジェクトでも存在している。この3つのそれぞれに、エクセレントなチームになるために大切なキーワードがある。まず**「個人は自立」**だ。次に**「全体は共有」**だ。最後に**「関係は信頼」**。「個人の自立」がすべてのはじまりである。

自立した個人とは、どんな個人なのか？　それが本書で述べてきた**「あり方」**だ。自分のパフォーマンスに責任を持つことだ。自分のパフォーマンスは「内容」と「質」でできているので、それに対する責任といえる。**何をするのかを認知的に考え実行する力と、自分の機嫌を自分でとり、心を整える力だ。**つまりは、◎**の人財といえる。「Flow Do It」な人だ。**

ゴリが「このチームは……最高だ……」と言ったときに、花道と流川は「別におまえのためにだけやっているわけじゃない」というようなことを言う。やらされていない、自分で考えて自分で動く主体的な人財だ。「FLAP」の人財ともいえる。自分の「内発的な動機」で、ライフスキルと認知脳を駆使しながら生きている、そして働いている人だ。

自立性は新人も社長も同じである。「何を」の内容が違うだけで、ともに心を整えて、自分のするべきことを考えて実行する構造はまったく一緒だ。

さらにエクセレントなチームになるには、「全体」の共有が重要である。よくありがちな共有は、認知的だ。情報や進捗やルールの共有だ。デジタルでできる部分だ。人はそれだけではエクセレントなチームになれない。**定量化できないことへの共有も重要だ。そのためには、質の高いコミュニケーションがいる。**

そこには、**「同じ」を共有したほうがいいものと、「違い」を共有したほうがいいものの2つがある。**「機嫌がいい」状態の責任を果たしておかないと、そのような質の高いコミュニケーションや対話ができないのだ。「同じ」の共有と「違い」の共有のレベルを高めることが、素晴らしいチームには何よりも重要である。

隣で働く仲間の好きな食べ物を知っているだろうか？　一緒に働く仲間と働く目的を共有し合っているだろうか？　そのような共有は個人情報とかにも関わるし、コミュニケーションとして難しいし、めんどくさいのだ。

その根底には、**自立した「機嫌がいい」個人同士がいなければならない。**◎の人財は、その対話が積極的にかつ適材適所でできるだろう。この対話は認知的なディベートではなく、質の高いコミュニケーションなのだ。

また、「共有」と「強要」は違う。「共有」するには、みなが金太郎飴のように画一的ではないからこそ、人間関係を「機嫌がいい」で向き合える「正誤より相違」のような非認知的思考や、相手をフローに導ける「結果より変化」のような「支援」の心がけができなくてはならない。

すべては、まずは自分の個人のことだと理解することだ。これは自責の念を持つのとは違う。まず自分から、まずは自分を整える、自分をまずは大切にして、自身に向き合う非認知的な脳を最大限に働かせていくということだ。

最後は**「関係の信頼」**だ。チームや組織は「関係」でできている。たとえば、バスケの５人のチームに関係はいくつあるのか？　答えは10だ。５×（５－１）÷２＝10だ。人数の倍もの「関係」で成り立っている。アイスホッケーの６人なら15、野球の９人なら36と増えていく。サッカーの11人だと55もの「関係」でチームはできている。ピッチ上だけじゃなく、ビジネスでも１００人の個人がいれば、その組織の「関係」は１００×99÷２なので４９５

0もの「関係」があり、指数関数的に増えていく。

「チームは関係でできあがっている」といってもいい。その「関係」に、一番必要なのは「信頼」だ。「信頼」は簡単に手には入らないだろう。コンビニには売っていない。**「信頼」を構築するのに必要なことは、「全体」の共有レベルと「個人」の自立レベルだ。**一緒に活動する人との良質なコミュニケーションがあり、多くの「同じ」と「違い」を共有していれば、自ずと「信頼」が生まれてくるはずだ。**「共有なくして信頼なし」**といってもいい。

結局は、自立した「機嫌がいい」個人が重要になる

そして、**「対話なくして共有なし」**でもある。対話の促進には、自立して自主的に「機嫌がいい」個人が結局のところ重要になる。1人ひとりが非認知性を高めて、自分の機嫌は自分でとるという責任を果たした成熟した個人であるということだ。

認知的な教育による自立は、大学受験には通用するが、人間関係やチームづくりには限界があるのだ。「どんな人と2人で無人島に行きたいか?」の問いが、その答えである。するべきことをする人、そしていつも「機嫌がいい」状態でいる人ではないだろうか。

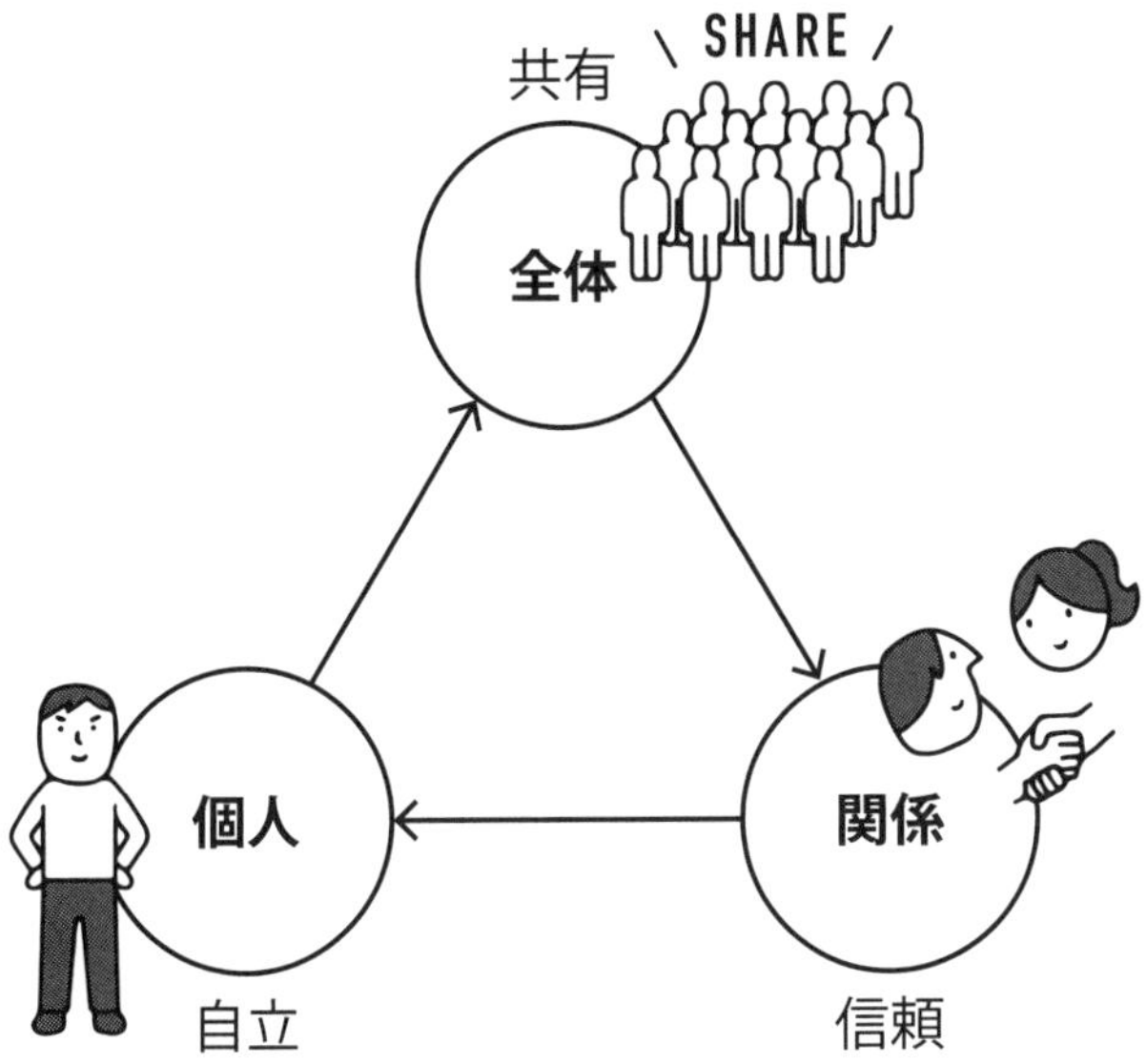

エクセレントなチームにある重要な三大要素

そのためには、「ライフスキル」が必須だ。「非認知脳のライフスキル思考」が育まれるような教育をしていかないと、高学歴かもしれないが社会では通用できなくなる。非認知性を育むことは認知脳を否定することではないので、両者共存できる人財につながる。

とにかく、**これからの時代は「非認知脳」の教育がすべての分野で必須の事案**だと声を大にして言いたい。エクセレントな組織づくりは、結局は◎の人財づくりからはじまるということなのだ。

「機嫌がいい」組織文化を育む

「機嫌がいい」組織に変えていくのはオセロゲームと同じ

人間の仕組み、ヒューマンリテラシーについて述べてきた。人は、脳と心で動かされている生き物である。脳はすなわち考える中枢、心は感じる場所だ。身体は考えたり感じたことを表現するための道具だ。

脳は認知的思考が中心で心の状態を生み出しているが、自身でのマネジメントは苦手だ。**自身の心の状態をマネジメントできる非認知脳が、だからこそ必要だ。**脳に自身の心を「機嫌がいい」マネジメントできるスキルを持った人財が、ますますこれから大事となってくる。

実際に、組織として「機嫌がいい」組織を創造していくにはどうしたらいいのか？　先述のようにエクセレントな組織には、**「自立」**と**「共有」**と**「信頼」**が重要だが、いきなりそのような組織はできないだろう。

組織を変革させて、組織文化を新たに醸成するには、「262の法則」に従ってアプローチすることをおすすめする。**「機嫌がいい」を視点にした「262の法則」では、2割の人が非認知脳を育み、◎になろうと生きている人だ。**この人たちを新しい変化に向けての「イニシャル・イノベーター」と呼称する。

しかし、まだまだ組織の中ではメジャーではない。一方、対岸の2割はこのような「心」とか「質」とか「機嫌がいい」という定量化できないことへの嫌悪感を抱いて、その価値を認めない人だ。

4象限の図でいえば、○や×や△の一部の人といえる。○のこのような人は、認知的に成功していて、新しい変化を好まない声の大きい人だ。×のこのような人は、すでに心が折れ気味で変化するエネルギーがなく無理という人だ。△は、何を言っても「別に」と考えていて変化する気がない人である。この2割の抵抗勢力を変えようとしてはいけない。必ずいる存在だからだ。

一方で、真ん中の6割はどちらにでも転がるようなまわりに合わせていきたい人だ。**この**

6割のゆくえが、組織の文化を左右する。この6割の中にも、本当は◎になりたいと思っている人が半数くらいはいる。この人たちをいかに「イニシャル・イノベーター」のほうに寄せていけるかが組織文化を形成するうえでのカギだ。

そのためには、「イニシャル・イノベーター」の2割を簡単に○や×や△にならないように徹底的に強化する必要がある。わたしはサポート企業でこの人たちを、ときに「フローリーダー」と呼んで一緒に非認知脳のライフスキルを鍛えている。この人たちがしっかりしていくと、企業のヒエラルキーに関係なく、社内の大多数の6割の中で変化していける人にアプローチしていけるようになっていく。

このような文化形成のプロセスをしばしばオセロゲームにたとえて、このように話している。まわりの影響で白か黒かに決まることなく、どんなときも白を貫ける人財が「イニシャル・イノベーター」だ。決して黒に囲まれても裏返ることなく白をキープできるには、オセロ盤の角の4つしかない。ここでいう白とは「機嫌がいい」状態である。この角4つのイメージが組織の新しい文化に向けての初期変革者だ。そのためには「ライフスキル」の高いスキルが必要になる。いつでも心を整えて、するべきことを実行していく◎の人財たちだ。

次に、裏返りにくいのが端にあたるまわりだ。角には負けるが、ここに白をたくさん配置すれば影響力はあるだろう。しかし、簡単にここに置いてしまうと、ここも挟まれて黒にされてしまうリスクもある。4つの角をしっかりと押さえて、慎重にまわりに白を配置していけるように進めていくオセロゲームの戦略が企業の文化形成の参考になる。

「非認知脳」は、ある意味で人間力に近い、人としての成熟性なので、役職に関係なく「フローリーダー」は存在する。彼らこそ、組織のこれからの文化を司る新しい人財だ。これらの人財の発掘と育成にどれだけ投資できるかが組織の未来を決める。

「イニシャル・イノベーター」の数は、まだ少数だ。オセロゲームを急いではいけない。安易に駒を置いていると簡単に裏返されていくからだ。自らの意志で白を貫いて、四隅であろうとする人財を強化していく。2割の人財はいるはずだ。彼らは、「機嫌がいい」は人間の生きるうえでの権利でもあり義務でもあることを理解している人財なので、定量化できない風土や文化の担い手にはうってつけだ。

価値を強化し、広げていくには「仲間」が必要なこと、そして「対話」が必要なことを自ら体現しているので、仕組みでなんとかしようとはしない。その人財の存在が、しだいにまわりの雰囲気を変えていく。新しいリーダーのあり方だといえるだろう。

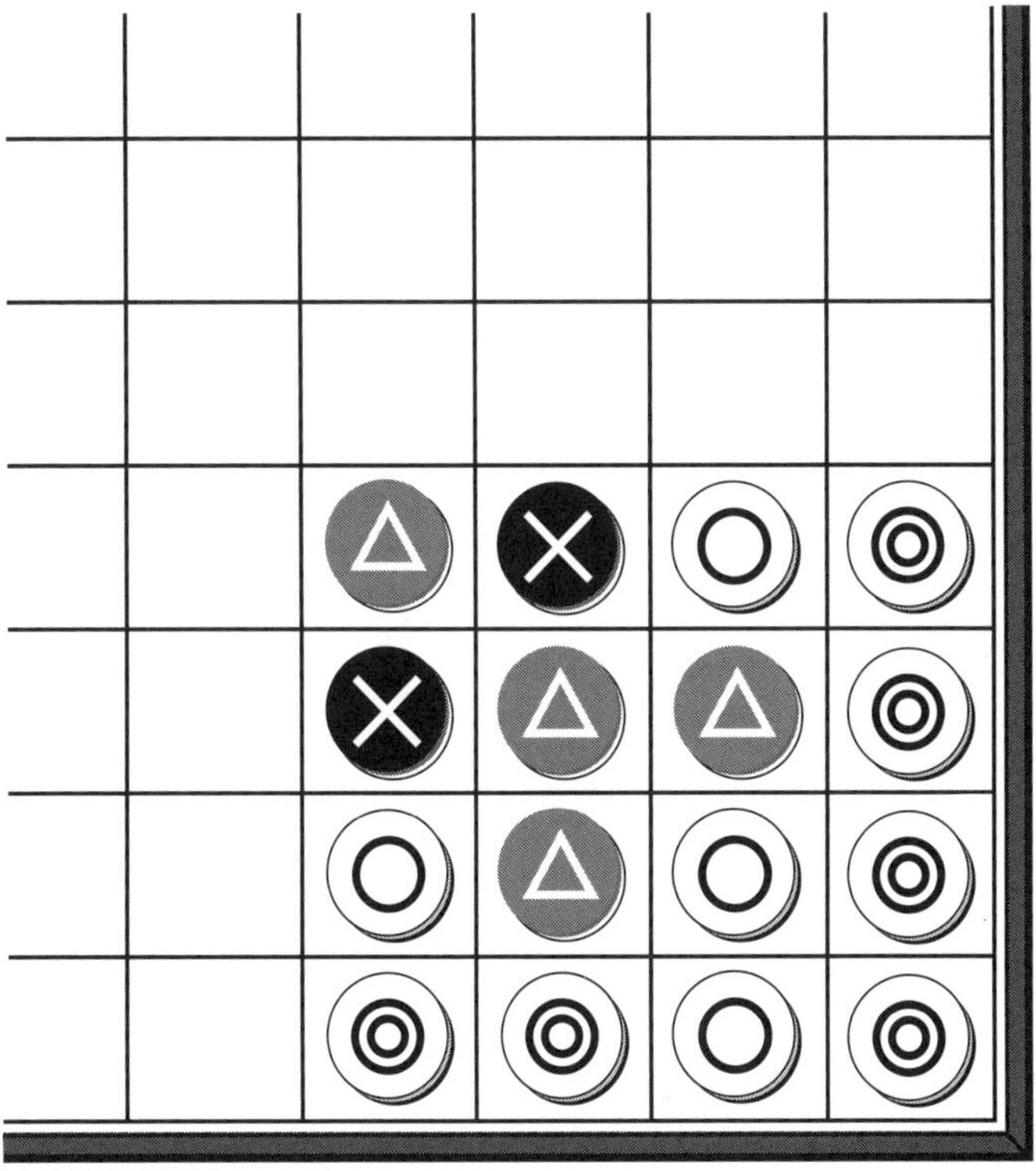

「機嫌がいい」組織づくりはオセロゲーム

まずは本書をお読みのみなさんが、自分が「非認知脳」を磨いて◎を貫く覚悟を持ってほしい。自分のためにだ。同じ企業には、まだ○や×や△も、そして強烈な対岸の2割の人もいるかもしれないが、まず自分だ。自分が「非認知脳」を磨いていると、その脳の使い方を実践したり、その感性のある人の存在に気づけるようになる。それが「仲間」だ。

「機嫌がいい」文化の醸成によって世界は変わる

何度も申し上げるが、仕組みで何とかしようとすると「機嫌がいい」の文化は醸成できない。じっくりと確実に「ライフスキル」を強化し、育んでいける文化をみなさんから実践していってほしい。魔法やアラジンやドラえもんに頼らず、人生をかけてこの成熟モデルを歩んでいってほしい。

同じような志を持つ人が、日本全体でも2割いることを励みに一緒にやっていこう。この仕事をはじめた25年前は、まだ「非認知脳」や「心」の話はアングラ活動だった（笑）。今では、おかげさまで時代も変わり、わたしをはじめ、このような生き方の人たちもちゃんと地上に出てきて、市民権を得るようになってきた。

◎な人は、時代を先取りした生き方の人たちだ。まだ、マイノリティかもしれないが、いずれ社会はもっと変わると信じて、オセロの角で白として叫び続けていきたい。メジャーな考え方になることを夢見て。いや、教育の現場で子どもたちが非認知脳のライフスキル思考を学んでいける社会となることを信じて。

おわりに

最後まで読んでいただき、心より感謝申し上げたい。

わたしが本書でお伝えしている「機嫌がいい」とか、「心の状態」とか、「質」とか「ライフスキル」とか、「非認知脳」とかをわたしもいきなりできるようになったわけではない。

気づきのきっかけは、パッチ・アダムスや井上雄彦先生の『スラムダンク』との出会いだったが、その後も「ライフスキル」をスキル化していくために、わたし自身も一生懸命にやってきた。スキル化するために、「仕組み」と「仲間」と「エネルギー」が必要だという話をしたが、わたしの話をしてみよう。

「ライフスキル」を忘れず意識して体感を話すために、わたしが思いついた最大の「仕組み」は、これを仕事にしようと考えたことだ。自身のスキルもまだ低いころにまわりに伝えていくことで自身のスキル化につながっていった。

最初のころは、わたしのスキルも低いために、うまく伝えられないで失敗を繰り返した。

今思うと申し訳ないことも多々あったような気がする。しかし、わたし自身はその過程で自身の「ライフスキル」の向上につながっていったのだ。

今でも毎日のようにアスリートやビジネスパーソンや音楽家たちのメンタルトレーニングをしながら、一番トレーニングになっているのがわたしだ。知識は強化されるし、それにより意識するチャンスは増えるし、意識するので体感は多くなり、クライアントのみなさんと話してシェアしている。

さまざまなコミュニケーションツールができたおかげで、アスリートたちとも日々、世界中から話ができるようになったことも幸いした。今でも1年365日、ほぼ毎日一日中、メントレしているクライアントと「ライフスキル」について話し合っている。

アスリートやアーティスのほうがビジネスパーソンたちよりも練習の習慣があるのか、コミュニケーションの頻度が明らかに高い。しかし、わたしは彼ら彼女たちによってスキルの劣化を防ぐことができている。感謝だ。

「仕組み」とともに、こうして「仲間」も手に入っていったのだが、最初のころは対話やシェアの相手は家族だった。スキルが低いと、非認知的な会話をするのにどうしても躊躇《ちゅうちょ》されるみなさんの気持ちもよく理解できる。だからこそ、安心して「感情」や「ライフスキル」の話をできる人を見つけるのが大事だ。

とりあえず、妻に少しずつ話していった気がする。娘たちをふくめた家族に対し、今からライフスキルの話をするので正座してよーく聞くようにといったような、あらためてする会話ではない。日常の通常会話の中で、「ライフスキル」の言葉を自然に織り込んでいたように思う。「機嫌がいい」の価値を家族で共有したいとの一心だった。

さらに、どうやって日常で「ライフスキル」の話をうまくしていけばいいのかを四六時中考えていたのを思い出す。食事中、子どもが小さいころは一緒にお風呂に入っているとき、旅行中、学校の送り迎えの最中などなどだ。本書に紹介した「非認知的思考」を意識して会話していた。「思考」は言葉と会話で形成していくからだ。家族に教えるというよりは、会話しながら自分のスキルを磨いていたのだ。

娘たちが高校生以上になったときに、自分の意志で「ライフスキル」を学べると判断し、わたしが主催しているワークショップにそれぞれ参加させたような気がする。ワークショップは、アスリートたちが毎月メントレをしている1年分の内容を2日間で徹底的に学び、対話する時間だ。日本中からたくさんの経営者、ビジネスパーソン、アスリート、教育関係の方、音楽家、アーティスト、芸能界の人たちが参加し、そんな大人たちと一緒に「ライフスキル」の話をする経験を彼女たちに提供した。

独立してオフィスを構えてからも、「機嫌がいい」に価値を重んじるスタッフや秘書をなるべく雇うようにして、「ライフスキル」の話をお互いに遠慮なくできる環境づくりを続けている。

最後に「エネルギー」だ。なぜ、わたしは非認知脳を磨いてライフスキル思考のある人生を歩みたいのか？　自問してみると、慶應病院で激しく働いているとき、認知が暴走し、「不機嫌の海」で溺れそうになっていたところから、なんとか脱出したいというのが最初の動機だったように思う。

その後の一番の動機は、この学びをはじめたころ、幼少期だった娘たちに親としてどんな大人になってほしいのかと考えたとき、◎の人財だった。心を自ら整えてするべきこととしていける人財。「FLAP」な人財でもある。そのために、わたしが◎でなければならないと思ったのだ。

すなわち、わたしの「ライフスキル」を育む原動力は、まずは子育てたったのだ。幸い娘たち2人は成人し、社会で働いているが「FLAP」しながら生きていると安堵している。

もう1つは、スポーツ界のアスリートたちに、わたしにしかできないことで、何かわたしが役立てることはないかと考えたとき、この「非認知的思考」が大事だと感じていたことだ。娘たちと同様に彼らや彼女たちに、自分で自分の「機嫌」をとれる思考のスキルを自らがしっかりと身につけていないとダメだと知ってもらいたいとの思いが原動力だった。

とにかくスポーツが大好きなので、一生スポーツに関われる自分づくりをこれからも続けていきたい。また、最近は年齢も重ねてきたので、健康のためにも「病は気から」をもとに死ぬまで「機嫌がいい」人生を歩んでいくためにも、「ライフスキル」は必須だと思っていて今日も磨いている。

わたしが「機嫌がいい」を手に入れていこうと「ライフスキル」を磨けるようになったのは、両親によるわたしの成育歴があったからだと今になって感謝している。覚えていないが、非認知的な会話が子どものころにたくさんあったのだと確信する。

本書に書いたことは、参考書のように一読で終わることなく、人生の指南書としていつでも手元において何度も熟読してほしい。すべてを頭の中に入れるつもりで赤線を引いて読んでほしい。覚えたことを日々の生活の中でも、ビジネスシーンの中でも意識したり会話していってほしいのだ。

「ライフスキル」はすべての人のものだから、手に入れないとすれば、ビジネスだけでなくそれぞれの人生は寂しいと思う。

「ライフスキル」を磨いていくと、自分の人生を自分で生きている感覚になり、ビジネスシーンのみならず充実するだろう。ぜひ「ライフスキル」を磨いているみなさんと、いつかお会いできることを心から願っている。

本書の執筆の機会をいただけた日本実業出版社の川上聡さまにも心より深謝している。

2024 春

スポーツドクター

辻秀一

辻　秀一（つじ　しゅういち）
スポーツドクター。産業医。株式会社エミネクロス代表。北海道大学医学部卒業。慶應義塾大学病院にて内科研修。人の病気を治すことよりも「本当に生きるとは」を考え、人が自分らしく心豊かに生きること、すなわち"人生の質＝クオリティ・オブ・ライフ（QOL）"のサポートを志す。その後、スポーツにヒントがあると考え、慶應義塾大学スポーツ医学研究センターにて健康医学の代表であるスポーツ医学を学ぶ。人と社会のQOL向上を目指し株式会社エミネクロスを設立。応用スポーツ心理学をベースに、個人や組織のパフォーマンスを最適・最大化する、自然体な心の状態「Flow」すなわち「ごきげん」を生み出すための独自理論「辻メソッド」による非認知スキルのメンタルトレーニングを展開。スポーツ・芸術・ビジネス・教育の分野で多方面から支持を得ている。活動の場は多くの企業へ広がり講演活動や産業医、Chief Health Officer、社外取締役などさまざまな視点から、企業の健康経営のサポートやフローカンパニー創りにも取り組む。子どものごきげんマインドを育む「ごきげん授業」を日本のトップアスリートと展開する「一般社団法人Di-Sports研究所」の代表理事を務める。著書に『スラムダンク勝利学』（集英社インターナショナル）、『自己肯定感ハラスメント』（フォレスト出版）、『自分を「ごきげん」にする方法』（サンマーク出版）他多数。

「機嫌《きげん》がいい」というのは最強《さいきょう》のビジネススキル

2024年 6 月20日　初版発行

著　者　辻　秀一
発行者　杉本淳一

発行所　株式会社日本実業出版社　東京都新宿区市谷本村町3-29　〒162-0845

編集部　☎03-3268-5651
営業部　☎03-3268-5161　振　替　00170-1-25349
https://www.njg.co.jp/

印刷・製本／中央精版印刷

ISBN 978-4-534-06111-9　Printed in JAPAN